CB128378

¡Nos vemos!

Paso a paso 1

Libro del alumno A1.1

Eva María Lloret Ivorra
Rosa Ribas
Bibiana Wiener
Margarita Görrissen
Marianne Häuptle-Barceló
Pilar Pérez Cañizares

¡Nos vemos!

A1.1 Paso a paso 1

Autoras
Eva María Lloret Ivorra
Rosa Ribas
Bibiana Wiener
Margarita Görrissen
Marianne Häuptle-Barceló
Pilar Pérez Cañizares
Asesoría y revisión
Antonio Béjar, José Ramón Rodríguez
Coordinación editorial y redacción
Mónica Cociña, Pablo Garrido, Dr. Susanne Schauf, Beate Strauß
Diseño y dirección de arte
Óscar García Ortega, Luis Luján
Maquetación
Luis Luján, Juan Asensio
Documentación
Andrea Fiumara, Olga Mias
Ilustración
Jani Spennhoff, Barcelona

Fotografías
Cubierta Getty Images **Unidad 1** pág. 7 Jarno Gonzalez/Istockphoto, Elke Dennis/Istockphoto, Irving Birkner/Istockphoto, IDS.photos/Flickr, etireno/ Flickr; pág. 8 Hulton Archive/Getty Images, Peter Jordan/Getty Images, Tony Vaccaro/Getty Images, Steve Granitz/Getty Images; pág. 9 Difusión; pág. 11 Ivan Bajic/Istockphoto; pág. 12 Oficina de Turismo México, Carlos Adampol/ Flickr, J David/Flickr; pág. 15 Charles Taylor/Istockphoto, Joel Carillet/ Istockphoto, Jose Girarte/Istockphoto, RIOMANSO/Flickr, ydnammmm/Flickr, Alex Steffle/Flickr; **Unidad 2** pág. 16 Fundación "la Caixa"; pág. 17 Kristian Sekulic/Istockphoto; pág. 20 Digitalskillet/Istockphoto; pág. 21 Fundación "la Caixa", NickStenning/Flickr; pág. 22 Ljupco Smokovski/Dreamstime, Derek Latta/Istockphoto; pág. 25 star5112/Flickr, WireImage/Getty Images, ELISA GARRIDO/Istockphoto, Klett-Archiv; **Unidad 3** págs. 26-27 Difusión; pág. 28 Chocolates Valor SA, Zsuzsanna Kilian/SXC; págs. 30-31 Alex Mares-Manton/ Getty Images; pág. 31 Gianni Ferrari/Getty Images, Quim Llenas/Getty Images; pág. 32 Xavi/Flickr.com; pág. 35 Guillermo Ramírez/Flickr, alq666/ Flickr, Adal-Honduras/Flickr, Holger Mette/Dreamstime, Bibiana Wiener; **CUADERNO DE EJERCICIOS Unidad 1** pág. 43 Chris Schmidt/Istockphoto; pág. 44 gaelx/Flickr; pág. 45 Beatrice Murch/Flickr, webphotographeer/ Istockphoto, Michael DeLeon/Istockphoto, difusión; **Unidad 2** pág. 49 Skynesher/Istockphoto; pág. 52 Ben Blankenburg/Istockphoto; **Unidad 3** pág. 56 Chocolates Valor SA; pág. 57 Helder Almeida/Dreamstime; pág. 59 Dalton Dingelstad/Shutterstock; pág. 60 photoGartner/Istockphoto, Mlenny Photograhy/Alexander Hafemann/Istockphoto, fonto/Fotolia, manu10319/ Istockphoto, René Mansi/Istockphoto, thumb/Istockphoto. **Unidad 4** pág. 64 Floortje/Istockphoto.

Audiciones
Estudio de grabación Tonstudio Bauer GmbH, Ludwigsburg y Difusión. **Locutores** Bibiana Abelló, José María Bazán, Mónica Cociña, Grizel Delgado, Carlos Fernández, Miguel Freire, Pablo Garrido, Helma Gómez, Pilar Klewin, Eva Llorens, Lucía Palacios, Ernesto Palaoro, Carmen de las Peñas, Pilar Rolfs, Verónica Romero, Roberto Sánchez **Música** Difusión **Ambientes** dobroide, inthecad, Tim Kahn, pagancow, Regenpak, partymix.

Agradecimientos
Bibiana Abelló, Barbara Ceruti, Agustín Garmendia, Eva Llorens, Edith Moreno, Laia Sant, Sergio Troitiño, Pol Wagner.

Agradecemos especialmente la colaboración en la sección Panamericana de Víctor Aguilar, Helma Gómez, Evelyn Guzmán, Matilde Guzmán, Héctor Inca, Hortensia Malfitani, Hilda Mateo y Pilar Rolfs.

Reimpresión: febrero 2018
ISBN: 978-84-8443-799-4
Depósito legal: B 6071-2014
Impreso en España por Imprenta Mundo

Índice

Estructura de ¡Nos vemos!

¡Nos vemos! Paso a paso es un manual para descubrir el mundo de habla hispana y aprender a comunicarse en muchas situaciones de la vida cotidiana. En un mismo libro se ofrecen el Libro del alumno y el Cuadeno de ejercicios.

Cada unidad del Libro del alumno tiene la siguiente estructura:

Una página doble de **portadilla** presenta los objetivos, activa los conocimientos previos e introduce el tema de la unidad.

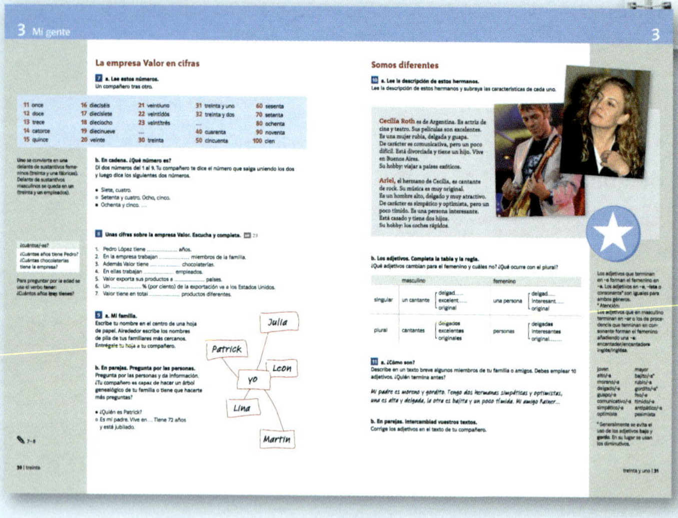

Tres páginas dobles forman el corazón de la unidad. Contienen textos vivos e informativos para familiarizarse con el idioma y actividades para aplicar de inmediato lo aprendido.

Una **tarea final** servirá para convertir los conocimientos adquiridos en algo práctico para la vida real. Junto con sus compañeros, el estudiante elaborará un "producto" que podrá guardar en el dosier de su portfolio.

¿Qué me llevo de esta etapa? es una sección ideada para dar cabida a las necesidades personales del alumno. Aquí reflexionará sobre los aspectos de la unidad necesarios para él, conocerá las estrategias que ha usado consciente o inconscientemente y encontrará consejos que le facilitarán el aprendizaje.

En el apartado **Panamericana**, toma la palabra una persona que habla de su propio país. De esta manera, a lo largo del manual se realiza un interesante recorrido cultural por toda Latinoamérica.

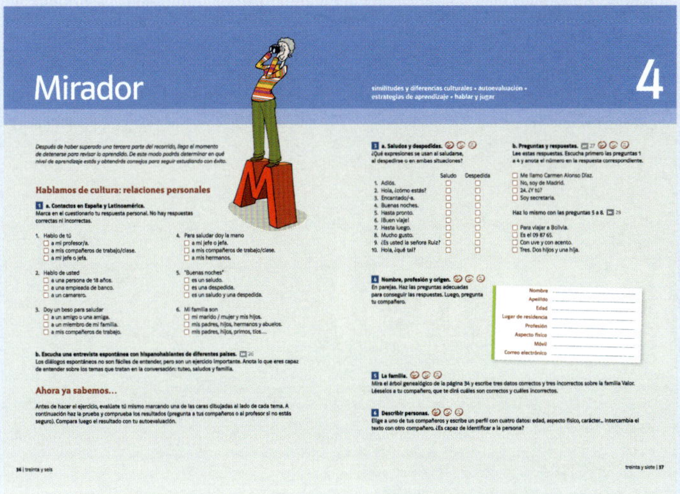

Cada libro se cierra con una **unidad de revisión**, llamada **Mirador**, en la que se ofrece una vista global sobre todos los conocimientos lingüísticos y culturales adquiridos. Además, estas unidades de repaso permiten experimentar con las estrategias de aprendizaje y tratar los errores. Al final, el propio estudiante elaborará un juego para repetir la materia.

Estructura del Cuaderno de ejercicios

Las unidades del Cuaderno de ejercicios proporcionan:

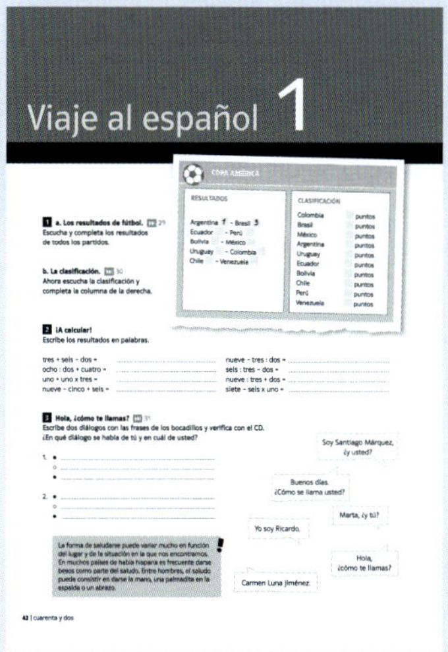

Numerosas actividades para consolidar el vocabulario y la gramática vistos en el Libro del alumno.

Una actividad orientada al español de los negocios con carácter opcional en la sección **Mundo profesional**.

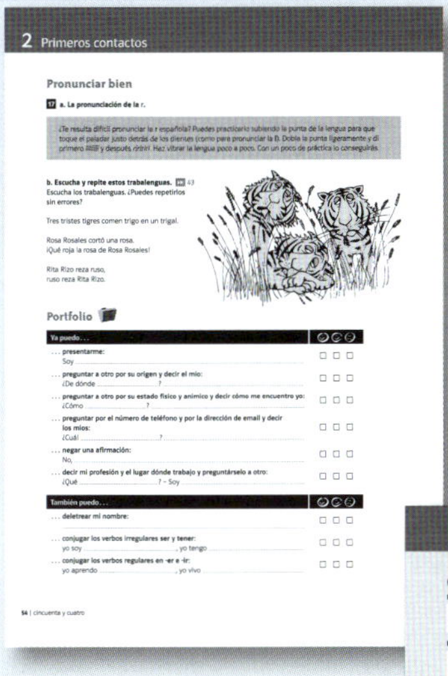

Una **sección dedicada a la fonética** (**Pronunciar bien**) en la que se dan consejos relacionados con ciertas características de la pronunciación del español. El estudiante reflexiona y practica.

Un apartado (**Portfolio**) en el que el estudiante tendrá ocasión de **autoevaluar su progreso**.

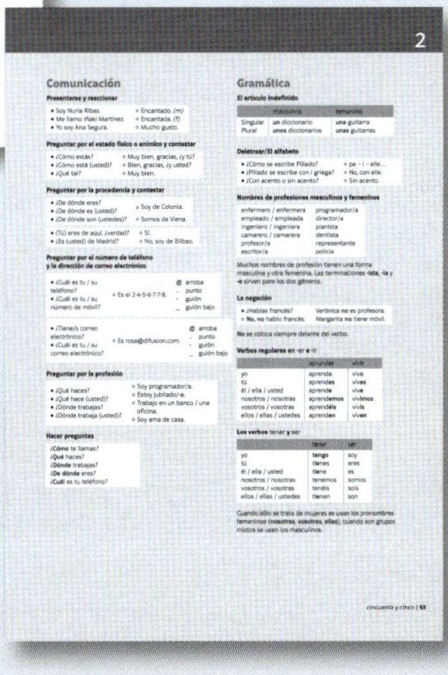

Un **resumen gramatical** en el que se recogen los **recursos lingüísticos** de cada unidad.

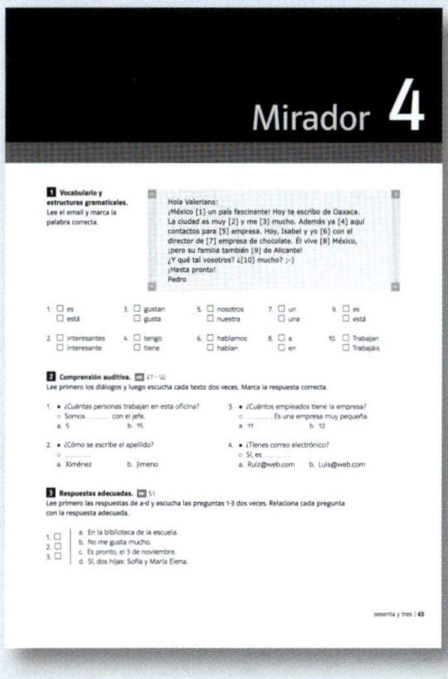

Como en el Libro del alumno, cada **Mirador** sirve para hacer un alto en el camino y **comprobar los conocimientos adquiridos mediante tests**.

Símbolos utilizados en el libro:

- audiciones del libro junto con los números de las pistas
- ejercicio adicional en el Cuaderno de ejercicios
- actividad que implica ir por la clase y preguntar a varios compañeros

Viaje al español

1

presentarse • saludar y despedirse • preguntar por el nombre • preguntar por palabras desconocidas • decir para qué se estudia español • los números del 0 al 10

1 **a. Palabras españolas.**
Seguramente conoces algunas palabras en español. Relaciónalas con las fotos.

- [1] culturas antiguas
- [ ] ruinas mayas
- [ ] las playas del Caribe
- [ ] el museo del Prado
- [ ] las ruinas de Machu Picchu
- [ ] café
- [ ] chocolate
- [ ] cactus
- [ ] sangría
- [ ] música
- [ ] flamenco
- [ ] guitarra
- [ ] catedral
- [ ] paella
- [ ] tacos
- [ ] pampa

b. Un viaje al español. Escucha. ⏭ 1
En la lista anterior marca las palabras que escuchas en la audición.

c. Comparad los resultados.
¿Qué palabras has marcado? Enuméralas y compara tus resultados con los de tus compañeros.

- Uno: culturas antiguas

✎ 1, 2

0	cero
1	uno
2	dos
3	tres
4	cuatro
5	cinco
6	seis
7	siete
8	ocho
9	nueve
10	diez

1 Viaje al español

Penélope Cruz Sánchez

Pablo Ruiz Picasso

Frida Kahlo Calderón

Gabriel García Márquez

Hola, ¿cómo te llamas?

2 a. Personas famosas.
Arriba tienes los nombres completos de algunos famosos. ¿Son los nombres que usamos para hablar de ellos? ¿Conoces otras personas famosas del mundo de habla hispana?

b. ¿Cómo se llaman las personas? Escucha. ⏭ 2–4
Escucha los tres diálogos y relaciona los apellidos con los nombres españoles más comunes.

Generalmente, las personas de España y Latinoamérica tienen dos apellidos aunque no siempre se usan los dos. El primer apellido es el primer apellido del padre y el segundo el primer apellido de la madre. Las mujeres mantienen sus apellidos al casarse.

Antonio Sánchez Ruiz — Helena Pérez Díaz
Ana Sánchez Pérez

nombre	apellido 1	apellido 2
Alejandro	Rodríguez	Moreno
Ana María	Sánchez	Alonso
Antonio	García	Jiménez
Carmen	Martín	Muñoz
Cristina	Pérez	Gutiérrez
Francisco	Fernández	Ruiz
Javier	Gómez	Hernández
Manuel	González	Díaz
María	López	Álvarez
María José	Martínez	Romero

- El uno es…

3 En cadena. ¿Cómo te llamas?
Cada uno se presenta a sus compañeros.

- Me llamo Rita, ¿y tú?
- Susanne. ¿Cómo te llamas?
- Soy Robert.

tratarse de tú

- ¿Cómo te llamas?
- Me llamo…, ¿y tú?
- Soy…

tratarse de usted

- ¿Cómo se llama (usted)?
- Me llamo…, ¿y usted?
- Me llamo…

Saludos y despedidas

4 a. Escucha otra vez.
Escucha de nuevo los diálogos del ejercicio 2b y subraya los saludos o despedidas que aparecen. ¿Qué significan?

hola | adiós | buenos días | buenas tardes | buenas noches | hasta pronto | hasta luego | hasta mañana

- "Hola" es *Hello*.
- "Adiós" es…

b. ¿Saludos o despedidas?
Escribe las expresiones en la columna correspondiente.

saludos	despedidas
....	....
....	....
....	....
....	....

Se usa:
Buenos días hasta las 14 h.
Buenas tardes de 14 - 20 h.
Buenas noches después de las 20 h.

✎ 3, 4

¿Cómo se pronuncia?

5 a. Escucha estos nombres. ⏭ 5
Escucha estos nombres y marca las letras que tienen una pronunciación diferente en tu lengua.

Mallorca | Cristina Sánchez | José Jimeno | Gerardo García | Zaragoza | Ecuador | Roberto Rodríguez | Antonio Muñoz | Chile | Honduras | María Moreno | Quito

b. Escucha y lee los nombres. Luego completa las reglas de pronunciación. ⏭ 6

		¿Cómo se pronuncian las letras?
c	Carmen Cecilia	como .... pero ante .... y .... interdental como **th** en inglés
ch	Chema	como ....
g	Gabriel, Gerardo Miguel	como .... pero ante .... e **i** como .... en la combinación .... y **gui** no se pronuncia la **u**
h	Hilda	no se pronuncia
j	Julia	como ....
ll	Guillermo	como ....
ñ	Toñi	como .... en **Cognac**
qu	Joaquín	como ...., la **u** no se pronuncia
r	Roberto María	una sola **r** en medio de la palabra es vibrante y a principio de palabra y como **rr** es vibrante múltiple
v	Virginia, Eva	**v** y **b** suenan igual
y	Yolanda, Eloy	como ...., al final de palabra como **i**
z	Azucena	como **th** en inglés

En Latinoamérica y en algunas regiones de España no existen los sonidos interdentales: la **z** y la **c** ante **e** e **i** se pronuncia como una **s**.

c. ¿Cómo se pronuncian estas palabras?
Intentadlo. Una cada uno.

la tortilla	la música	la información	el teatro	el español
la paella	la guitarra	la organización	el quiosco	el hotel
la playa	la geografía	la universidad	el concierto	el chocolate

✎ 5, 6

6 Frases difíciles.

¿Cuántas frases puedes leer sin fallar? Primero, en grupos de cuatro, practicáis la lectura; después, cada miembro del grupo lee una frase sin parar en voz alta. El grupo consigue un punto por cada frase correcta.

1. ¿Cuántos cuentos cuenta Carmen?
2. Doña Antonia come castañas en otoño.
3. Gerardo Jiménez Juárez trabaja en Jerez.
4. Cecilia cena cinco cebollas.
5. Ocho gauchos escuchan chachachá.
6. Me llamo Guillermo y soy de Sevilla.
7. Jorge es un jurista genial de Gijón.
8. Rita corre rápido para robar rosas.

Nombres favoritos

7 a. Nombres de bebé.

Antes de leer el texto responde a las siguientes preguntas:
¿Qué nombres de pila están de moda en tu país?
¿Hay diferencias regionales?

b. Lee el texto.

¿Qué significan las palabras **favoritos, niños, niñas**? ¿Qué nombre te gusta más?

Los nombres favoritos de bebé

En España los nombres favoritos de 2008 son Alejandro, Daniel y Pablo para niños y Lucía, María y Paula para niñas. En las comunidades con dos lenguas oficiales los nombres favoritos son diferentes. Por ejemplo, en Cataluña los niños se llaman Marc, Alex y Pau, las niñas Paula, Carla y Laia. En el País Vasco muchos niños se llaman Iker, Unai y Ander, las niñas se llaman Irati, Ane y Naroa. En Galicia, además de María y Laura, los nombres favoritos de niña son Iria y Sabela, y de niño, Pablo y Adrián.
En Ceuta y Melilla, las ciudades españolas en el norte de África, los nombres favoritos son árabes: Mohamed, Adam, Salma y Mariem.

8 a. Mi identidad española.

Invéntate una nueva identidad combinando un nombre y un apellido españoles de la lista de nombres de la página 8 u otros nombres que conozcas.

Me llamo ....

b. La identidad de tus compañeros/-as.

Levántate y saluda a algunos de tus compañeros. Preséntate con tu nuevo nombre. Pregunta por el nombre de los demás y despídete.

- ● Hola, ¿cómo te llamas?
- ○ Ana María Ruiz Moreno. ¿Y tú?
- ● Me llamo Antonio Pérez Díaz.
- ○ Hasta luego.
- ● Adiós.

Palabras con historia

9 **a. El español, una lengua con historia.**
Lee el texto sobre la procedencia de las palabras españolas y subraya todas las palabras que entiendes.

Todas las lenguas son el resultado de la historia y de muchas influencias.
El 80 % de las palabras del español viene del latín, por ejemplo *la universidad, la familia, el trabajo, el metal;* el resto viene de otras lenguas. Muchas palabras son del árabe, como *el aceite, el arroz, la taza, el alcohol, la naranja,* o del griego, como *el teatro, la biblioteca, la geografía, el carácter.*
Otras palabras vienen de las lenguas indígenas de América: *el tabaco, el cóndor, el chocolate, el gaucho, la pampa. Los tomates* también son "americanos".
Hoy el inglés es el origen de muchas palabras nuevas: *el champú, el cámping* y *el fútbol.*

80% se dice "ochenta por ciento"

b. Aceite **significa…**
Ahora pregunta por el significado de las palabras que no entiendes en el texto.

- ¿Qué significa…?
- ○ …

¿Qué significa?
- ¿Qué significa "aceite"?
- ¿"Taza" significa...?
- ○ Sí. / No. / No sé.

10 **a. El artículo determinado.**
Completa la tabla y escribe en cada casilla un ejemplo más de las palabras que aparecen en el texto. Fíjate en las terminaciones. ¿Descubres alguna regla? ¿Cómo se forma el plural?

	masculino	femenino
singular	**el** teatr....... **el** metal	**la** palabr....... **la** universidad ....
plural	**los** teatro**s** **los** metal**es**	.... palabra**s** .... universidad**es** ....

Las palabras españolas son masculinas o femeninas. Generalmente las palabras masculinas terminan en ...., las femeninas en ....
Hay que estudiar el resto de las palabras junto con el artículo u otras palabras que las acompañen.

Para formar el plural se añade una .... cuando las palabras terminan en vocal. Cuando terminan en consonante se añade ....

b. En cadena. Singular y plural.
Un compañero dice una palabra, el siguiente forma el plural y dice una palabra nueva.

- La guitarra.
- ○ Las guitarras. El cóndor.
- ■ Los cóndores. …

✎ 7, 8

11 Bingo de palabras.

Escribe ocho palabras de la unidad. Tu profesor dirá unas palabras que aparecen al final de la página 48. Tacha las que coincidan con las tuyas. El primero en tachar una línea completa dirá ¡Bingo!.

el	la	los	las ....
el	la	los	las ....

¿Para qué estudias español?

12 Escucha y marca los motivos. 7

¿Para qué estudian español estos cuatro alumnos?

¿Para qué estudias español?

Estudio español…

- ☐ para viajar a Latinoamérica.
- ☐ para trabajar en un hotel en Tenerife.
- ☐ para estudiar en España.
- ☐ para trabajar en México.
- ☐ para pasar las vacaciones en Málaga.
- ☐ para hablar con la familia de mi pareja.

13 a. Verbos en -ar. Completa.

Para preguntar por los motivos de tus compañeros necesitas las formas verbales. Completa la tabla con los verbos regulares en **-ar**.

	estudi**ar**	habl**ar**
yo	estudi**o**	....
tú	....	hablas
él / ella / usted	estudi**a**	....
nosotros / nosotras	estudi**amos**	....
vosotros / vosotras	estudi**áis**	....
ellos / ellas / ustedes	estudi**an**	....

En español sólo se usan los pronombres personales para resaltar a la persona en oposición a otra o si no está claro de quién se habla. Para el trato formal se usa **usted** cuando nos dirigimos a una persona y **ustedes** cuando nos dirigimos a más de una. En Latinoamérica no se usa **vosotros** sino **ustedes**.

b. ¿Tú o usted?

Di si el trato en las siguientes preguntas es de tú o de usted y si se trata de una persona o más.

1. ¿Habla usted inglés?
2. ¿Trabajáis en un hotel?
3. ¿Escuchas música clásica?
4. ¿Para qué estudian español?
5. ¿Pasan ustedes las vacaciones en España?
6. ¿Compráis un apartamento en Tenerife?

9-11

c. Escucha y marca si las personas se hablan de tú o de usted. 8-11

Escucha los cuatro diálogos y marca si el trato es de tú o de usted. ¿Qué relación mantienen las personas? ¿En tu país las personas en estos casos se hablarían de tú o de usted?

	1	2	3	4
tratarse de tú				
tratarse de usted				

14 a. Estudio español para...

Anota con ayuda de los datos siguientes para qué estudias español.

viajar a	Argentina / Cuba / México...
trabajar en	Madrid / Lima / Bogotá...
pasar las vacaciones en	Mallorca / Andalucía...
estudiar en	España / la universidad...
hablar con	amigos / la familia de mi pareja...
...	...

Estudio español para viajar a...

b. Los motivos del grupo.

Pregunta a tres de tus compañeros y anota sus motivos.

12-15

- Karin, ¿para qué estudias español?
- Estudio español para viajar a Perú, ¿y tú?

nombre	motivo
1.	
2.	
3.	

c. Presenta ahora los resultados.

¿Hay coincidencias?

- Lucile estudia español para viajar a Perú.
- Inge y yo estudiamos español para hablar con amigos en España.

Portfolio
Ya puedes elaborar el primer producto para el dosier de tu portfolio: un dominó.

Tarea final Dominó español

a. La preparación.
Preparad en grupos de tres tarjetas para un dominó. Para cada categoría de la lista escribid dos palabras situándolas en dos tarjetas diferentes, por ejemplo:

- dos saludos
- dos despedidas
- dos sustantivos masculinos
- dos sustantivos femeninos
- dos pronombres
- dos verbos
- dos artículos

- dos apellidos
- dos palabras en plural
- dos nombres de niño
- dos nombres de niña
- dos lenguas
- dos países
- dos palabras de origen árabe

b. El juego.
Ahora vais a jugar en grupos de tres. Cada uno recibe el mismo número de tarjetas cubiertas y las descubre cuando sea su turno. Las palabras relacionadas de diferentes tarjetas se ponen juntas, por ejemplo, dos saludos, nombre y apellido, artículo y nombre, etc. El que no pueda colocar ninguna pasa. El primero en quedarse sin tarjetas es el ganador.

Aprender otra lengua es como hacer un viaje. Al final de cada unidad tendrás la oportunidad de hacer balance y de decidir qué te quieres llevar de la unidad a tu viaje: vocabulario, gramática, aspectos culturales...

- Letras o palabras con pronunciación difícil: ....
- Nombres y apellidos favoritos: ....
- Expresiones útiles: ....
- Temas de gramática: ....
- Aspectos culturales: ....
- Diez palabras favoritas: ....

- No sólo has aprendido palabras, contenidos y algunas cosas del mundo de habla hispana. También has empleado estrategias para usar la nueva lengua, consciente o inconscientemente. Ve al texto de la página 13 y piensa en lo que has hecho para entender palabras desconocidas.
- ¿Qué palabras has entendido porque son parecidas en tu lengua? ....
- ¿Cuáles has podido entender por el contexto? ....

Las dos estrategias son importantes y te ayudarán también en el futuro para leer los textos de **¡Nos vemos!**.

Ciudad de México – una metrópolis

la Patagonia

el café

arquitectura colonial

el lago Titicaca

Panamericana

De Norte a Sur: la Panamericana. La Panamericana es una ruta fascinante por el continente americano. De Norte a Sur, desde Alaska hasta Argentina, esta ruta pasa por 17 países (si contamos la ruta principal y las secundarias), cuatro zonas climáticas y culturas muy diferentes con sus lenguas, sus músicas, su gastronomía y sus paisajes impresionantes. Cada lección de **¡Nos vemos!** presenta una etapa de esta ruta.

a. Escucha y marca en el mapa los países que se mencionan.
⏭ 12

b. Escucha otra vez y relaciona las fotos con los países.
¿Qué países te gustaría conocer?

Primeros contactos

1

2

3

4

presentarse • decir el lugar de procedencia • preguntar por el estado físico o anímico • deletrear • preguntar por el número de teléfono y la dirección de correo electrónico • decir la profesión e indicar el lugar de trabajo • negar una frase

2

1 **a. Mira las fotos y escucha la grabación.** ⏭ 13
¿Cuál de las personas habla?

b. Escucha otra vez.
¿Cuál de los siguientes datos es correcto?

Soy cubano / peruano.

Vivo en Barcelona / Pamplona.

Trabajo en una empresa de transportes / deportes.

c. ¿Qué nombres de profesiones entiendes?
¿Qué profesiones tienen las personas de las fotos?

médico/-a
informático/-a
ingeniero/-a
economista
secretario/-a
jardinero/-a
operario/-a

Mucho gusto

2 **a. La Fundación "la Caixa" organiza un congreso. Lee y escucha los diálogos.** ⏭ 14–16
Marca en el texto cómo se reacciona cuando otra persona se presenta. ¿Entiendes cuándo se dice **encantado** y cuándo **encantada**?

1.
- ● Buenas tardes, soy Nuria Ribas, la organizadora del congreso.
- ○ Mucho gusto, señora Ribas. Soy Marc Martí.
- ● Encantada. ¿Es usted de Cataluña?
- ○ Sí.
- ● Ah, yo también. ¿De dónde es usted?
- ○ De Tarragona.
- ● Yo, de Barcelona.

Encantado se usa cuando ...., **encantada**, cuando ....

Mucho gusto siempre funciona.

2.
- ● Hola, Antonio. ¿Cómo estás?
- ○ Bien, gracias. Y tú, Ricardo, ¿qué tal?
- ● Muy bien. Oye, tú eres de aquí, de Bilbao, ¿verdad?
- ○ Sí, sí…
- ● Es que busco un hotel barato.

3.
- ● Hola, ¿qué tal? Soy Margarita Fuentes.
- ○ Encantado. Me llamo Gabriel Vargas.
- ■ Y yo soy Ana Segura. ¿De dónde eres, Margarita?
- ● De Salamanca. ¿Y vosotros?
- ■ Nosotros somos de Guadalajara, en México.

b. En grupos de dos o tres. Leed uno de los diálogos.
Sustituye en uno de los diálogos los nombres y los lugares de procedencia por los tuyos y léelo en alto.

c. Completa con las expresiones de los diálogos.
¿Cómo preguntan por el estado físico y la procedencia las personas de los diálogos anteriores?

formal	informal	reacción
● ¿Cómo está usted?	● ¿Cómo .... ● ¿Qué tal?	○ Muy bien, gracias. ○ Bien, gracias, ¿y tú / usted?
● ¿De dónde es usted? ●	● .... ● ¿Eres de Bilbao?	○ Soy de Colonia / Viena. ○ Sí. / No, soy de Londres.

3 **¿De dónde son?**
Preséntate y pregunta a cinco compañeros cómo están y de dónde son.
¿Quién es del país más lejano?

4 El verbo ser.
Mira las formas del verbo **ser** y completa las frases.

1. La señora Ribas .... la organizadora del congreso.
2. Me llamo Margarita Fuentes y .... de Salamanca.
3. Ana y Gabriel .... de México.
4. Tú .... de aquí, ¿verdad?
5. Marc y tú, ¿.................................. de Tarragona?
6. Ana y yo .... de Guadalajara.

	ser
yo	soy
tú	eres
él / ella / usted	es
nosotros/-as	somos
vosotros/-as	sois
ellos/-as / ustedes	son

✎ 1-4

¿Cómo se escribe?

5 a. Escucha el alfabeto en español. ⏭ 17
Los participantes del congreso se inscriben. Para ello es importante saber cómo se deletrea su nombre. Escucha el alfabeto español. ¿Qué letras se diferencian de la pronunciación en tu lengua?

A	a	**B**	be	**C**	ce	**Ch**	che	**D**	de
E	e	**F**	efe	**G**	ge	**H**	hache	**I**	i
J	jota	**K**	ka	**L**	ele	**Ll**	elle	**M**	eme
N	ene	**Ñ**	eñe	**O**	o	**P**	pe	**Q**	cu
R	erre	**S**	ese	**T**	te	**U**	u	**V**	uve
W	uve doble	**X**	equis	**Y**	i griega	**Z**	zeta		

é e con acento
ü u con diéresis
M eme mayúscula
m eme minúscula

en Latinoamérica:
b be larga
v be corta

En español hay pocos casos de aparición de una consonante seguida de otra igual. Sólo **c**, **r**, **l** y **n**. **rr** y **ll** se pronuncian con un solo sonido. **cc** y **nn** se pronuncian como dos sonidos.

b. Escucha. ¿Qué letra es? ⏭ 18
Escucha y une las letras de la tabla de arriba en el orden de aparición en la audición. ¿Qué sale?

6 a. En parejas. Tu nombre español.
Deletrea tu nombre real o el nombre español que escogiste en la primera unidad.

- Me llamo Ana Pillado.
- ¿Cómo se escribe el apellido?
- Pe - i - elle - a - de - o.

¿Cómo se escribe...?

- ¿Pillado se escribe con i griega?
- No, con elle.
- ¿Con acento o sin acento?
- Sin acento.

b. Una palabra difícil.
Piensa en una palabra difícil (en tu lengua o española) y deletréala en español. La persona que la adivine antes puede deletrear la siguiente palabra.

c. ¿Qué significa?

ie - ese - te - u - de - i - o e - ese - pe - a - eñe - o - ele
ce - o - ene ge - u - ese - te - o!

✎ 5, 6

@ arroba
. punto
- guión
_ guión bajo

En España: el móvil
En Latinoamérica: el celular

Información personal

7 a. Los datos de Sofía. 19
Los participantes del congreso intercambian los números de teléfono y las direcciones de correo electrónico. Escucha y completa la ficha.

Nombre: Sofía Romero Jiménez
Correo electrónico: ....
Teléfono: ....

b. Los datos de tus compañeros.
Levántate y pregunta a cinco compañeros por su número de teléfono y su dirección de correo electrónico. Anótalos.

teléfono y correo electrónico

- ¿Cuál es tu / su teléfono?
- ¿Cuál es tu / su número de móvil?
○ Es el 2-4-5-6-7-7-8.

- ¿Tiene/s correo electrónico?
○ Sí, es rosa@difusion.com.

	tener
yo	**tengo**
tú	tienes
él / ella / usted	tiene
nosotros/-as	tenemos
vosotros/-as	tenéis
ellos/-as / ustedes	tienen

8 a. Pregunta a dos compañeros...
Pregunta a dos compañeros si tienen las cosas de la lista. Tienes que encontrar dos cosas que coinciden.

una guitarra eléctrica | un diccionario de español | amigos latinoamericanos | un trabajo interesante | un jefe autoritario | amigos españoles | hijos | un móvil con cámara | un músico en la familia | un nombre con la letra "s"

- ¿Tiene/s un diccionario de español?
○ Sí. / No.

el artículo indefinido	
masculino:	**un** diccionario
femenino:	**una** guitarra

b. Presenta ahora los resultados.

- Laura y yo tenemos un trabajo interesante y amigos españoles.

9 ¿Quién es quién? Completa la tabla.

Antonio es de Caracas. Guadalupe trabaja en un hotel internacional. El ingeniero se llama García Ruiz. La recepcionista es de Buenos Aires y se llama Palaoro de apellido. Pilar estudia en la universidad de Granada. La estudiante se llama Gómez Moreno.

nombre y apellido(s)	profesión	ciudad

Tengo un trabajo interesante

10 a. Una persona de la página 16 habla de su trabajo.
Lee el texto y completa el formulario de la derecha.

Me llamo Verónica Borja Martínez. Soy de Valencia pero ahora vivo en Sevilla. Gracias al programa de la Obra Social tengo trabajo. Soy secretaria en una empresa que vende instrumentos musicales. En la oficina trabajo con una compañera: escribimos cartas y correos electrónicos, hablamos por teléfono..., pero además yo organizo conciertos (reservo hoteles, busco salas para los conciertos, tengo contacto con músicos...). Es un trabajo interesante porque siempre aprendo cosas nuevas.
En mi trabajo es importante hablar inglés. También hablo un poco de italiano y estudio alemán en una escuela de idiomas.
Soy la representante de la empresa en el congreso de "la Caixa" en Bilbao. Mañana viajo a Bilbao para intercambiar ideas sobre el tema de la integración laboral.

Nombre: ....
Apellidos: ....
Lugar de nacimiento: *Valencia*
Lugar de residencia: ....
Profesión: ....
Función especial: ....
....
Idiomas: ....
....

b. Las actividades de Verónica.
Marca en el texto las cosas que hace Verónica. ¿Qué verbos conoces? ¿Cuáles son nuevos? ¿Cuál es la terminación de la primera persona de estos verbos?

c. Verbos en -er **y verbos en** -ir**. Completa la tabla.**
Completa la tabla de los verbos regulares en **-er** e **-ir** y compara: ¿qué formas tienen las mismas terminaciones? ¿Cuáles son diferentes?

	aprend**er**	viv**ir**
yo	....	....
tú	aprend**es**	viv**es**
él / ella / usted	aprend**e**	viv**e**
nosotros / nosotras	aprend**emos**	viv**imos**
vosotros / vosotras	aprend**éis**	viv**ís**
ellos / ellas / ustedes	aprend**en**	viv**en**

7-10

11 Completa este folleto con la forma correcta de los verbos.

LA CASA DE LA MÚSICA

¿*Vives* en Sevilla? ¿.................. *(aprender)* piano? ¿O .... *(ser)* músico y no .... *(tener)* piano?
¿.................. *(buscar)* una sala de conciertos?
Nosotros .... *(tener)* la solución para tus problemas: .... *(organizar)* tus conciertos y .... *(reservar)* la sala.
En resumen: vivimos para la música.

¡Esperamos tu visita! casamusica@teleline.es

12 **a. Escribe cuatro frases sobre el texto de Verónica.**
Escribe cuatro frases sobre el texto con ayuda de los siguientes datos. Escribe dos con la información correcta y otros dos con información falsa.

Verónica Las dos chicas	ser hablar organizar vivir aprender vender	secretaria / profesora / pianista inglés / francés / español / alemán / italiano congresos / conciertos / programas de integración en Sevilla / en Valencia / en Málaga idiomas / guitarra / piano instrumentos musicales / cámaras fotográficas

la negación

Verónica **no** es profesora.
Las chicas **no** organizan congresos.

- ¿Hablas francés?
- **No, no** hablo francés.

No se coloca siempre delante del verbo.

✎ 11–13

b. Lee tus frases. Tus compañeros reaccionan.
Lee las frases en alto. El resto de la clase tiene que detectar cuáles son las falsas y decir la información correcta.

- Las dos chicas organizan congresos.
- No, las dos chicas no organizan congresos, organizan conciertos.

La profesión y el lugar de trabajo

13 **a. Las profesiones mejor valoradas.**
En el gráfico de abajo puedes ver cuáles son algunas de las profesiones mejor valoradas por los españoles. Cada uno de vosotros elige cuatro profesiones y les asigna uno, dos, tres y cuatro puntos. Después cada uno dice sus favoritas y la puntuación. Un miembro del grupo anota los puntos y presenta los resultados. ¿Coinciden con los del gráfico?

- Médico, cuatro puntos; arquitecto, tres puntos…
- …
- Las profesiones mejor valoradas en la clase son: médico con ocho puntos, …

b. ¿Puedes añadir una profesión en cada grupo?

-o → -a	-or → -ora	masculino = femenino
enfermero / enfermera empleado / empleada camarero / camarera	profesor/a programador/a director/a	dentista policía representante ....

Muchos nombres de profesión tienen una forma masculina y femenina. Las terminaciones **-ista**, **-ía** y **-e** valen para los dos géneros. Actualmente se tiende a crear una forma femenina para las profesiones en **-e**, p. ej. **presidenta**.

c. ¿Dónde trabajan?
Un alumno piensa en una profesión y el resto de la clase tiene que adivinarlo haciendo preguntas sobre el lugar de trabajo.

un hospital | un supermercado | un bar | un hotel | una oficina | un restaurante | una escuela | una empresa | un banco

- ¿Trabaja en un hospital?
- No.
- ¿En un bar?
- Sí.
- ¿Es camarero?

14 a. ¿Qué haces?
Pregunta a tres compañeros por su profesión y anota los resultados.

preguntar por la profesión	
• ¿Qué haces/hace? • ¿Dónde trabajas/trabaja?	○ Soy programador/a. ○ Estoy jubilado/-a. ○ Trabajo en un banco / en una fábrica... ○ Soy ama de casa.

b. Presentad los resultados.

- Antonia y David trabajan en una empresa internacional.

15 Los datos personales de Verónica.
Haz las preguntas correspondientes a la información.

1. ¿..? Verónica Borja Martínez.
2. ¿..? En Sevilla.
3. ¿..? Soy secretaria.
4. ¿..? En "La Casa de la Música".
5. ¿..? Sí, inglés y también italiano.

16 Escucha y corrige los datos de la tarjeta de visita. ⏭ 20

✎ 14-17

Tarea final Compañeros de clase

a. En parejas. Completad las fichas con los datos de dos compañeros.
Elige a dos compañeros de clase e intenta recordar la información necesaria para rellenar estas fichas. A continuación haz preguntas para completar los datos que te falten.

Nombre ....
Apellido ....
Profesión ....
Lugar de residencia ....
Idiomas ....
Estudia español para ....
Correo electrónico ....

Nombre ....
Apellido ....
Profesión ....
Lugar de residencia ....
Idiomas ....
Estudia español para ....
Correo electrónico ....

Portfolio
Añade el texto al dosier de tu portfolio.

b. Mis compañeros.
Resume la información en un texto breve.

¿Qué me llevo de esta etapa?

En tu viaje por el mundo del español te has encontrado con personas de las cuales has obtenido información y a las que has dado información sobre ti mismo. Piensa en qué te puedes llevar de esta unidad.

- Expresiones para entrar en contacto:
....
....
- Expresiones para dar datos personales:
....
....
- Palabras y expresiones del mundo del trabajo:
....
....
- Preguntas útiles:
....
....
- Aspectos de gramática:
....
....
- Aspectos culturales interesantes:
....
....
- ¿Qué palabras de esta unidad no son tan importantes para ti?

- En esta unidad has visto lo que se dice en un primer encuentro. Cada cultura tiene sus propias formas de cortesía, pero también hay formas universales como, por ejemplo, una sonrisa.
- También ha aprendido como se deletrea en español. Esto es una estrategia importante. ¿Qué letras son difíciles?
- Además has aprendido tres conjugaciones y algunos verbos. ¿Cuál es para ti la mejor forma de estudiar verbos?:
  - ¿decirlos en voz alta?
  - ¿copiarlos varias veces?
  - ¿aprenderse las terminaciones de memoria?
  - ¿aprender ejemplos de uso en frases?

  Elabora en tu cuaderno una página con un ejemplo por cada grupo de conjugación. Poco a poco puedes añadir en el grupo correspondiente todos los verbos que aparezcan y así tener tu propia lista para consultar.

Panamericana

En México con Víctor.
En nuestra primera etapa en el recorrido por la Panamericana, Víctor nos muestra su álbum de fotos y nos presenta su país.

¡Hola! Me llamo Víctor y soy mexicano, de México D. F., la capital (las letras D. F. significan Distrito Federal). Soy profesor de español para estudiantes como ustedes.

Pero hablamos de mi país: en México hablamos español, pero existen también unas 60 lenguas indígenas, por ejemplo el náhuatl. Las palabras "tomate" y "cacao" vienen del náhuatl.

■ *¿Y tú? ¿Recuerdas otras palabras que proceden de las lenguas indígenas de Latinoamérica?*

tortillas de maíz

La comida mexicana es excelente: los tacos, el guacamole y las famosas tortillas de maíz (con chile, tomate o queso). ¡Qué rico!

■ *¿Y tú? ¿Conoces platos típicos mexicanos o algún restaurante de comida mexicana?*

Chichén Itzá

En México la cultura se escribe con mayúscula. Tenemos grupos de música tradicional como los mariachis, pero también grupos de rock como los famosos Maná. También el cine mexicano tiene mucha tradición y una reputación internacional con películas como *Amores perros*. Durango, por ejemplo, es una ciudad que vive de la industria del cine.

■ *¿Y tú? ¿Conoces otras películas de origen mexicano o de otro país hispanoamericano? ¿Y españolas?*

Y al final: la historia. Los monumentos de la civilización maya son únicos. Chichén Itzá, Palenque y Uxmal son ciudades mayas fascinantes para visitar.

■ *Y ahora tú: ¿te atreves a deletrear los nombres de estas ciudades mayas?*

¡Chao y buen viaje a Guatemala, la próxima etapa en la Panamericana!

¿Preparados para México?
Las casillas resaltadas forman una palabra de origen indígena que tiene relación con la próxima unidad.

1. comida típica mexicana
2. lengua indígena
3. grupo de música tradicional
4. civilización antigua
5. "adiós" en Latinoamérica

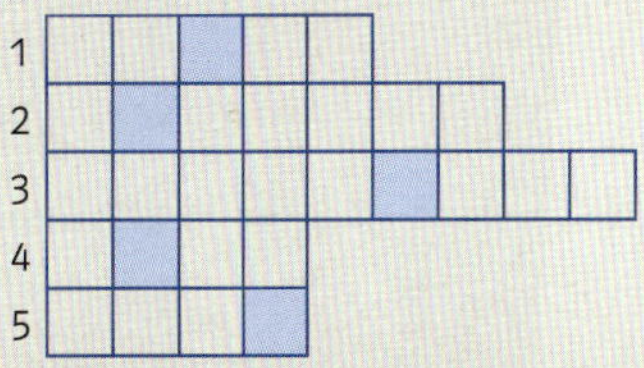

el grupo de rock Maná

Mi gente

Eva, Martina y Sergio

3

el vocabulario de la familia • expresar gustos • describir el aspecto físico y el carácter de personas • los números hasta 100 • los meses y la fecha

Mamá y papá con Martina

Sonia y yo

Edurne y Fernando

1 a. Escucha. Eva le enseña unas fotos a un compañero de trabajo. ⏭ 21

¿En qué orden se mencionan las fotos?

1. .....
2. .....
3. .....
4. .....

b. ¿Quién es quién? Escucha otra vez.

¿Con qué foto relacionas el siguiente vocabulario de la familia? En algunos casos, puede haber más de una opción.

primos	
marido	
hija	
madre	
hermana	
abuelos	

c. ¿Dónde tienes fotos de tu familia o de amigos? ¿De quién?

en el salón | en mi oficina | en el móvil | en un álbum | en el ordenador | no tengo

mi marido | mi mujer | mi hijo | mi hija | mis hijos | mis amigos | mis nietos | mis padres

Una familia muy dulce

2 a. ¿Quién es quién en la familia de Chocolates Valor? Lee el texto.
Lee el texto sobre la empresa familiar y subraya el vocabulario relacionado con la familia.

La familia "Valor" delante de la fábrica. En el centro Pedro López Lloret. A su lado están su padre, Pedro López Mayor, y sus hermanas Ana e Isabel. Detrás están sus hermanos Vicente, Rafael, Francisco, su hijo Pedro y al lado de él, su sobrino Valeriano.

Cinco generaciones de chocolateros

"Mucha gente me pregunta por qué hacemos chocolate en Villajoyosa", comenta Pedro López Lloret, director de una fábrica de chocolate en la provincia de Alicante. "Quizás no es lógico, porque en España no tenemos cacao, la base del chocolate. Pero Villajoyosa es un pueblo con mucha tradición en la fabricación del chocolate y también para nosotros es una tradición familiar. Nuestra familia tiene pasión por el chocolate, y nuestra marca *Chocolates Valor* es famosa en toda España. También exportamos nuestros productos a muchos países."
Pedro López Lloret, hijo y nieto de chocolateros, es director de *Chocolates Valor*, una empresa familiar, con cinco generaciones que trabajan en ella. "Mi familia vive para el chocolate. Mis hermanos trabajan en la empresa, mi hermana Isabel, por ejemplo, es directora de exportaciones. Su hijo, mi sobrino Valeriano, ya es la nueva generación. Incluso mi padre, Pedro López Mayor, a sus 78 años, está todos los días en la fábrica."

b. ¿Qué título no corresponde al artículo?

Una familia con pasión por el chocolate
Vivir para el chocolate
Nueva fábrica de chocolate en Alicante
Valor: una empresa familiar con tradición

3 a. Valeriano López habla de su familia. ⏭ 22
Escucha y completa el árbol genealógico con los nombres de pila de los miembros.

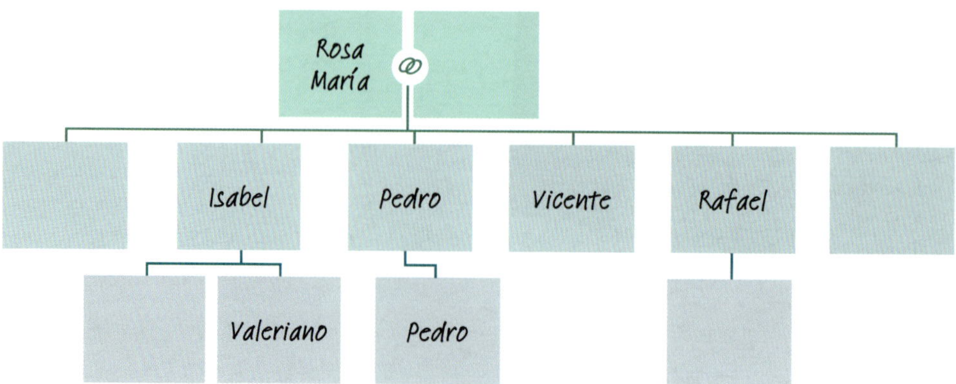

✎ 1-3

b. La familia. ¿Qué significan estas palabras?
Completa la tabla con la traducción a tu lengua del vocabulario de la familia.

♂		♀		♂		♀	
abuelo	....	abuela	....	hermano	....	hermana	....
padre	....	madre	....	tío	....	tía	....
hijo	....	hija	....	sobrino	....	sobrina	....
nieto	....	nieta	....	primo	....	prima	....

el padre + la madre = los padres
- ¿Tienes hermanos?
- Sí, una hermana.

En España:
el marido, la mujer
En Latinoamérica:
el esposo, la esposa

4 En dos grupos. Preguntas sobre la familia Valor.
Haced preguntas sobre el texto. El otro grupo tiene que contestar. Por cada pregunta y respuesta correctas se consigue un punto.

¿Quién es...? | ¿Quiénes son...? | ¿Qué...? | ¿Cómo se llama...?

- ¿Quién es Valeriano?
- Es el sobrino de Pedro.

- ¿Qué hace Isabel?
- Es directora de exportaciones.

Atención:
hacer chocolate (*elaboración*)
- ¿Qué **hace** Isabel? (profesión)
- Es directora de exportaciones.

5 a. Los posesivos. Lee otra vez el texto sobre Chocolates Valor.
¿Qué artículos posesivos aparecen en el texto? ¿Cuáles tienen forma en masculino y femenino? ¿Qué significa **su** y **sus**?

los posesivos	
mi tío / tía	**mis** tíos / tías
tu tío / tía	**tus** tíos / tías
su tío / tía	**sus** tíos / tías
nuestro tío / **nuestra** tía	**nuestros** tíos / **nuestras** tías
vuestro tío / **vuestra** tía	**vuestros** tíos / **vuestras** tías
su tío / tía	**sus** tíos / tías

Los posesivos varían en función del poseedor, pero concuerdan con lo poseído, no con el poseedor.

✎ 4, 5

b. En parejas. Preguntas sobre la familia.
Haceos preguntas sobre vuestras familias con ayuda de los siguientes elementos.

¿Cómo se llama/n ¿Dónde vive/n ¿De dónde es / son ¿Qué hace/n	tu / tus	abuelos? hermano/s? hermana/s? padres?

6 Lee las siguientes frases y compara.
¿Cuándo se usa **ser**? ¿Cuándo **estar**?

La familia Valor **está** delante de la empresa.
Es una empresa familiar.
Pedro **está** en el centro de la foto. **Es** el director.
A su lado **están** su padre y sus hermanas.
Al otro lado **está** Valeriano. **Es** nuevo en la empresa.
Pedro López Mayor **está** todos los días en la empresa.

estar
estoy
estás
está
estamos
estáis
están

✎ 6

Con .... se indica el nombre, la profesión, la procedencia y la identidad.
Con .... se indica la situación espacial.

La empresa Valor en cifras

7 a. Lee estos números.
Un compañero tras otro.

11 once	**16** dieciséis	**21** veintiuno	**31** treinta y uno	**60** sesenta
12 doce	**17** diecisiete	**22** veintidós	**32** treinta y dos	**70** setenta
13 trece	**18** dieciocho	**23** veintitrés	…	**80** ochenta
14 catorce	**19** diecinueve	…	**40** cuarenta	**90** noventa
15 quince	**20** veinte	**30** treinta	**50** cincuenta	**100** cien

Uno se convierte en **una** delante de sustantivos femeninos (treinta y un**a** fábricas). Delante de sustantivos masculinos se queda en **un** (treinta y **un** empleados).

b. En cadena. ¿Qué número es?
Di dos números del 1 al 9. Tu compañero te dice el número que salga uniendo los dos y luego dice los siguientes dos números.

- ● Siete, cuatro.
- ○ Setenta y cuatro. Ocho, cinco.
- ■ Ochenta y cinco. …

8 Unas cifras sobre la empresa Valor. Escucha y completa. ⏭ 23

¿cuántos/-as?

¿Cuánt**os** años tiene Pedro?
¿Cuánt**as** chocolaterías tiene la empresa?

Para preguntar por la edad se usa el verbo **tener**:
¿Cuántos años ~~eres~~ **tienes**?

1. Pedro López tiene .... años.
2. En la empresa trabajan .... miembros de la familia.
3. Además Valor tiene .... chocolaterías.
4. En ellas trabajan .... empleados.
5. Valor exporta sus productos a .... países.
6. Un .... % (por ciento) de la exportación va a los Estados Unidos.
7. Valor tiene en total .... productos diferentes.

9 a. Mi familia.
Escribe tu nombre en el centro de una hoja de papel. Alrededor escribe los nombres de pila de tus familiares más cercanos. Entrégale tu hoja a tu compañero.

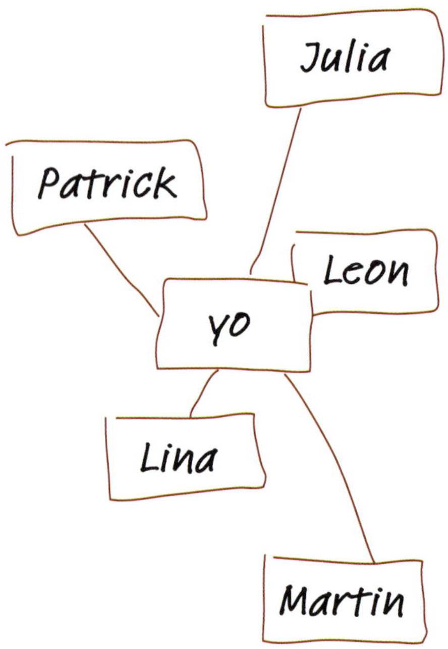

b. En parejas. Pregunta por las personas.
Pregunta por las personas y da información. ¿Tu compañero es capaz de hacer un árbol genealógico de tu familia o tiene que hacerte más preguntas?

- ● ¿Quién es Patrick?
- ○ Es mi padre. Vive en… Tiene 72 años y está jubilado.

✎ 7-8

Somos diferentes

10 **a. Lee la descripción de estos hermanos.**
Lee la descripción de estos hermanos y subraya las características de cada uno.

Cecilia Roth es de Argentina. Es actriz de cine y teatro. Sus películas son excelentes. Es una mujer rubia, delgada y guapa. De carácter es comunicativa, pero un poco difícil. Está divorciada y tiene un hijo. Vive en Buenos Aires.
Su hobby: viajar a países exóticos.

Ariel, el hermano de Cecilia, es cantante de rock. Su música es muy original. Es un hombre alto, delgado y muy atractivo. De carácter es simpático y optimista, pero un poco tímido. Es una persona interesante. Está casado y tiene dos hijos.
Su hobby: los coches rápidos.

b. Los adjetivos. Completa la tabla y la regla.
¿Qué adjetivos cambian para el femenino y cuáles no? ¿Qué ocurre con el plural?

	masculino		femenino	
singular	un cantante	delgad......... excelent......... original	una persona	delgad......... interesant......... original
plural	cantantes	delgad**os** excelent**es** original**es**	personas	delgad**as** interesant**es** original............

Los adjetivos que terminan en **-o** forman el femenino en **-a**. Los adjetivos en **-e**, **-ista** o consonante* son iguales para ambos géneros.
* Atención:
Los adjetivos que en masculino terminan en **-or** o los de procedencia que terminan en consonante forman el femenino añadiendo una **-a**:
encantad**or**/encantad**ora**
ingl**é**s/ingl**é**sa.

11 **a. ¿Cómo son?**
Describe en un texto breve algunos miembros de tu familia o amigos. Debes emplear 10 adjetivos. ¿Quién termina antes?

Mi padre es moreno y gordito. Tengo dos hermanas simpáticas y optimistas, una es alta y delgada, la otra es bajita y un poco tímida. Mi amigo Rainer...

joven	mayor
alto/-a	bajito/-a*
moreno/-a	rubio/-a
delgado/-a	gordito/-a*
guapo/-a	feo/-a
comunicativo/-a	tímido/-a
simpático/-a	antipático/-a
optimista	pesimista

* Generalmente se evita el uso de los adjetivos **bajo** y **gordo**. En su lugar se usan los diminutivos.

b. En parejas. Intercambiad vuestros textos.
Corrige los adjetivos en el texto de tu compañero.

12 **¿Él o ella? Escucha.** ⏭ 24
Escucha las frases sobre los hermanos Rot y decide si hacen referencia a él o a ella.

	1	2	3	4	5	6
él						
ella						
los dos						

13 **En parejas. Entradas para un concierto.**
Tienes dos entradas para el concierto de Ariel Rot y quieres regalar una. ¿A quién? Elige a una de las personas que esperan en la cola. Tu compañero tiene que averiguar a quién se la das haciendo preguntas sobre su físico.

✎ 9-11

- ● ¿Es un hombre?
- ○ No.

- ● ¿Es una mujer alta?
- ○ Sí.

- ● ¿Es rubia?
- ○ Sí.
- ● ¿Es el número…?

¿Te gustan las sorpresas?

14 **a. Un test. ¿Te gusta el riesgo? Completa.**
Cecilia y Ariel tienen algo en común, a los dos les gusta el riesgo. ¿Y a ti? Marca si estás totalmente de acuerdo 😄, en parte de acuerdo 🙂 o en desacuerdo 🙁. A continuación lee los resultados que aparecen a la izquierda.

	😄	🙂	🙁
1. Me gusta improvisar planes.			
2. Me gusta viajar en avión.			
3. Me gusta aprender cosas nuevas.			
4. Me gusta viajar a países exóticos.			
5. Me gusta la rutina.			
6. Me gustan las motos grandes y rápidas.			
7. Me gustan los coches pequeños y prácticos.			
8. Me gustan las sorpresas.			

Mayoría de respuestas
😄 Eres una persona arriesgada, tu vida es una aventura.
🙂 Eres una persona equilibrada.
🙁 Eres una persona tranquila. ¿Quizás necesitas un poco de emoción?

b. Lee otra vez el test y completa la tabla.

agrado y desagrado	
(No) Me gust...........	la música clásica. viajar en avión.
(No) Me gust...........	los países exóticos. las sorpresas.

Delante de sustantivos en singular y delante de verbos va **gusta**, delante de sustantivos en plural ....

15 **a. Me gusta mucho...**
Escribe las palabras siguientes en la tabla según tu grado de preferencia.

el café | el vino | el chocolate | las fiestas de cumpleaños | el cine | el teatro | la ópera | el color rosa | tu jefe | viajar en avión | las fiestas familiares | las personas pesimistas | el fútbol

★★★★	★★★	★★	★

b. ¿Te gusta...?
Pregunta a tu compañero por las cosas de 15 a. o por otras diferentes hasta encontrar tres cosas que os gustan a los dos y tres que no.

- ¿Te gusta el café?
- ○ No mucho.

- ¿Le gusta el vino?
- ○ Bastante.

me gusta

- ¿Te gusta/n...? *(a ti)*
- ¿Le gusta/n...? *(a usted)*

- ○ Sí, (mucho).
- ○ Bastante.
- ○ (No,) No mucho.
- ○ No, nada.

✎ 12

¿Cuándo es tu cumpleaños?

16 **a. Pregunta cuándo es el cumpleaños de tus compañeros.**
Averigua el mes con el mayor número de cumpleañeros en clase. Ve por la clase y pregunta a tus compañeros hasta añadir todos los nombres en el mes correspondiente.

- ¿Cuándo es tu cumpleaños?
- ○ El 18 de enero.

b. Escucha la canción 'Cumpleaños feliz'. ⏭ 25
¿Alguien en clase cumple años en breve? Tendréis ocasión de cantar esta canción.

La fecha se indica con el artículo definido delante del número:
El uno de abril.
El cinco de mayo.

✎ 13-15

Tarea final ¿Quién soy?

a. Yo soy...
Elabora una ficha con tus datos sin mencionar tu nombre y usando los aspectos que aparecen a continuación. El profesor recogerá las hojas y las repartirá de nuevo para que luego adivinéis a quién corresponden los datos.

Mi aspecto | Mi carácter | Mi familia | Me gusta mucho... | No me gusta...

b. Un poema para mi compañero.
Escribe un poema corto con los datos que has recibido o con los de otra persona de tu elección. Sigue los siguientes puntos y léelo en clase.

el nombre: ....
tres adjetivos: ....
una característica: ....
una actividad: ....
la relación contigo: ....

Claudia
rubia, delgada, optimista,
tiene cinco nietos,
pasa las vacaciones en Ibiza,
mi compañera de clase.

Portfolio
Añade la ficha y el poema al dosier de tu portfolio.

¿Qué me llevo de esta etapa?

Es más fácil aprender las cosas que nos gustan y nos divierten, otras las tenemos que aprender por necesidad. ¿Qué es lo que te llevas de esta unidad?

- Palabras y expresiones para hablar de mi familia:
....
....
- Palabras y expresiones para describir personas:
....
....
- Expresiones para hablar de mis gustos:
....
....
- Preguntas útiles:
....
....
- Aspectos difíciles de gramática:
....
....
- Aspectos culturales interesantes:
....
....
....

- En esta unidad has aprendido mucho vocabulario. Se aprende con más facilidad cuando en nuestra propia lengua tenemos ya la terminología clara, como por ejemplo el vocabulario de la familia, los meses o los números. En ese caso solo tenemos que sustituir las palabras conocidas por las palabras en español (y además nos damos cuenta enseguida si nos falta vocabulario). ¿También lo has hecho de este modo? ¿Conoces otros ejemplos?
- También puede ser de ayuda memorizar parejas de antónimos. ¿Qué palabras de esta unidad son adecuadas para esta estrategia?
- A veces hay diferencias entre palabras y sus conceptos de distintos idiomas. En este caso la traducción a tu lengua te puede ayudar a descubrir la diferencia. Piensa, por ejemplo, si en tu lengua o en otra que conoces, existe una palabra para el concepto "padre + madre". ¿Cómo se dice en español?

Panamericana

En Guatemala, El Salvador y Honduras con Hilda: un paso más en tu viaje al español.

el lago Atitlán

las ruinas de Copán

Hilda nos presenta Guatemala y sus países vecinos.

Hola. Me llamo Hilda Mateo y soy de Guatemala. Mis padres viven en Antigua y tienen una escuela de idiomas. Tengo tres hermanos y una hermana. Somos una familia guatemalteca típica.

- *Y ahora tú: ¿crees que hay un modelo típico de familia en tu país? ¿Cuál o cuáles piensas que son más comunes?*

Mi país es pequeño, pero muy variado e interesante. Tenemos una naturaleza fascinante con la selva tropical más grande de Centroamérica y con ¡33! volcanes. Un ejemplo: el lago Atitlán, en el cráter de un volcán. Pero también tenemos lugares con mucha historia como las ruinas mayas de Tikal. Para visitar Guatemala la época ideal son de noviembre a mayo.

- *Y ahora tú: ¿qué meses son ideales para visitar tu país?*

Ciudad de Guatemala, la capital del país, es una ciudad moderna. Pero yo soy de Antigua, la antigua capital de Guatemala. Mi ciudad me gusta mucho, me gustan sus casas coloniales, sus fiestas… También me gusta hablar con los estudiantes de español de todo el mundo que estudian en alguna de las escuelas de idiomas.

- *Y tú: ¿dónde estudias español? ¿Para qué? ¿Qué te gusta de la clase de español?*

la catedral de Antigua

Más del 50% de los habitantes son de origen indígena. Muchos conservan sus rituales religiosos, como el saludo al sol, y sus tradiciones. Una atracción para muchos turistas es el mercado de Chichicastenango, un antiguo mercado maya donde los indígenas venden o intercambian diferentes productos.

Al sur de Guatemala están El Salvador y Honduras. El Salvador es el país más pequeño de Centroamérica, pero muy famoso por sus volcanes. Honduras tiene playas maravillosas en el Caribe, reservas naturales y restos arqueológicos mayas como las ruinas de Copán.
Tres países, pequeños pero fascinantes. ¡Hasta pronto!

Y ahora tú.
Lee el texto de nuevo. ¿Eres capaz de crear un eslogan para Guatemala?

autobuses en Antigua

Mirador

Después de haber superado una tercera parte del recorrido, llega el momento de detenerse para revisar lo aprendido. De este modo podrás determinar en qué nivel de aprendizaje estás y obtendrás consejos para seguir estudiando con éxito.

Hablamos de cultura: relaciones personales

1 a. Contactos en España y Latinoamérica.
Marca en el cuestionario tu respuesta personal. No hay respuestas correctas ni incorrectas.

1. Hablo de tú
   - ☐ a mi profesor/a.
   - ☐ a mis compañeros de trabajo/clase.
   - ☐ a mi jefe o jefa.
2. Hablo de usted
   - ☐ a una persona de 18 años.
   - ☐ a una empleada de banco.
   - ☐ a un camarero.
3. Doy un beso para saludar
   - ☐ a un amigo o una amiga.
   - ☐ a un miembro de mi familia.
   - ☐ a mis compañeros de trabajo.
4. Para saludar doy la mano
   - ☐ a mi jefe o jefa.
   - ☐ a mis compañeros de trabajo/clase.
   - ☐ a mis hermanos.
5. "Buenas noches"
   - ☐ es un saludo.
   - ☐ es una despedida.
   - ☐ es un saludo y una despedida.
6. Mi familia son
   - ☐ mi marido / mujer y mis hijos.
   - ☐ mis padres, hijos, hermanos y abuelos.
   - ☐ mis padres, hijos, primos, tíos…

b. Escucha una entrevista espontánea con hispanohablantes de diferentes países. ⏭ 26
Los diálogos espontáneos no son fáciles de entender, pero son un ejercicio importante. Anota lo que eres capaz de entender sobre los temas que tratan en la conversación: tuteo, saludos y familia.

Ahora ya sabemos…

Antes de hacer el ejercicio, evalúate tú mismo marcando una de las caras dibujadas al lado de cada tema. A continuación haz la prueba y comprueba los resultados (pregunta a tus compañeros o al profesor si no estás seguro). Compara luego el resultado con tu autoevaluación.

3 a. Saludos y despedidas.

¿Qué expresiones se usan al saludarse, al despedirse o en ambas situaciones?

	Saludo	Despedida
1. Adiós.	☐	☐
2. Hola, ¿cómo estás?	☐	☐
3. Encantado/-a.	☐	☐
4. Buenas noches.	☐	☐
5. Hasta pronto.	☐	☐
6. ¡Buen viaje!	☐	☐
7. Hasta luego.	☐	☐
8. Mucho gusto.	☐	☐
9. ¿Es usted la señora Ruiz?	☐	☐
10. Hola, ¿qué tal?	☐	☐

b. Preguntas y respuestas. ⏭ 27

Lee estas respuestas. Escucha primero las preguntas 1 a 4 y anota el número en la respuesta correspondiente.

☐ Me llamo Carmen Alonso Díaz.
☐ No, soy de Madrid.
☐ 24. ¿Y tú?
☐ Soy secretaria.

Haz lo mismo con las preguntas 5 a 8. ⏭ 28

☐ Para viajar a Bolivia.
☐ Es el 09 87 65.
☐ Con uve y con acento.
☐ Tres. Dos hijos y una hija.

4 Nombre, profesión y origen.

En parejas. Haz las preguntas adecuadas para conseguir las respuestas. Luego, pregunta tu compañero.

Nombre ....
Apellido ....
Edad ....
Lugar de residencia ....
Profesión ....
Aspecto físico ....
Móvil ....
Correo electrónico ....

5 La familia.

Mira el árbol genealógico de la página 28 y escribe tres datos correctos y tres incorrectos sobre la familia Valor. Léeselos a tu compañero, que te dirá cuáles son correctos y cuáles incorrectos.

6 Describir personas.

Elige a uno de tus compañeros y escribe un perfil con cuatro datos: edad, aspecto físico, carácter... Intercambia el texto con otro compañero. ¿Es capaz de identificar a la persona?

Aprender a aprender

7 Palabras internacionales.
Muchas palabras se parecen en distintos idiomas. Esto te ayudará a averiguar su significado ¿Cuáles de las siguientes palabras puedes traducir sin ayuda de un diccionario? ¿Hay algún falso amigo?

- medicina
- televisión
- informática
- ambiente
- técnica
- curso
- autor
- farmacia
- yogur
- gratis
- activo
- amor

8 a. Clasificar palabras.
¿Quieres aprenderte las palabras siguientes? Primero tendrás que clasificarlas por grupos. Los criterios de los decides tú (tema, personas, primera letra, tipo de palabra, sonido…).

colegas | pianista | chocolate | hotel | vacaciones | atractivo | congreso | sobrino | universidad | trabajar | exótico | concierto | jefe | naranja | simpático | teatro | cámping | carácter | música | paella | fútbol | café | fábrica | producto | finca | director | rock | museo | tenis | viajar | playa

b. En parejas. Buscar criterios.
Intercambiad las palabras agrupadas. ¿Puedes adivinar los criterios que ha usado tu compañero?

9 Mapas asociativos.
Como ejercicio de memorización, muchos estudiantes agrupan palabras alrededor de una palabra clave o un tema. El dibujo resultante se llama mapa conceptual. Aquí tenemos un ejemplo. Complétalo con las palabras de la actividad 8 u otras que conozcas.

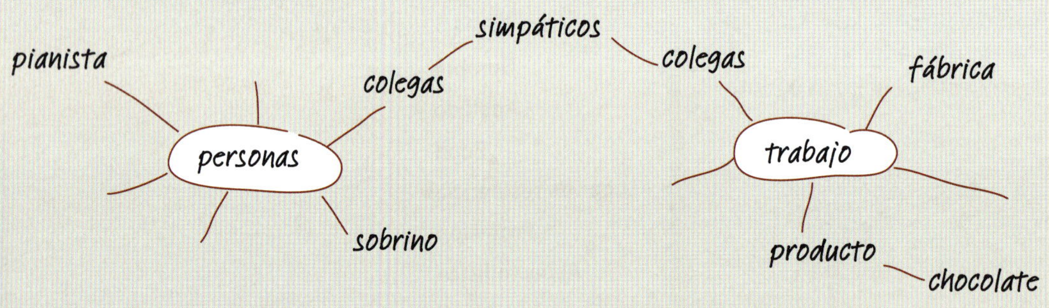

10 a. ¿Hablan muy rápido los españoles? Escucha. ⏭ 29
Los hablantes nativos unen las palabras al hablar de manera que parece que hablan muy rápido. Separa las palabras y compara a continuación con el CD.

1. **HOLAMELLAMOANAALONSOYESTUDIOINFORMÁTICAENSALAMANCA**
2. **UNODEMISPAÍSESFAVORITOSESESPAÑAPORQUEMEGUSTANELVINOYLASTAPAS**
3. **MEGUSTANLASPERSONASESPONTÁNEASYCOMUNICATIVAS**

b. Hablar como ellos.
Ahora intenta decir las frases con fluidez y fíjate en la entonación.

Terapia de errores

Los errores forman parte del proceso de aprendizaje. Indican que estás aprendiendo algo nuevo. Si les dedicas tiempo, verás dónde está el problema y podrás corregirlos.

11 a. Un juego en grupos de tres. ¿Dónde están los errores?
Se necesita una moneda y una ficha por jugador. Cara significa avanzar una casilla; cruz, dos casillas. Se obtiene un punto por error encontrado (1 ó 2 por frase) y otro más por su corrección.

¡Hola!	1. Buenas días. Me llama Ana Díaz.	2. Y tú, ¿cómo se llama?	3. Señor Pérez es un arquitecto.
4. ¿Cuándo tienes cumpleaños? ¡Hoy! Ya soy 25.	5. Paco es una persona simpático y optimisto.	6. Yo vivo a Berlín. Estudio español para viajar en España.	7. Madrid me gusto mucho porque es una ciudad interessante.
8. Mario y yo trabajan en una fábrica de coches.	9. Nosotros jefe es todos los días en la empresa.	10. Vosotros vivéis en Italia y habláis italiano, ¿no?	¡Adiós!

b. Los errores.
Intenta clasificar los errores anteriores con ayuda de las categorías de abajo y da ejemplos. ¿Hay errores que cometes fácilmente? Intenta clasificar tus propios errores

- género erróneo
- palabra errónea
- preposición errónea
- palabra que falta o sobra
- relación errónea con mi lengua
- confusión (¿qué con qué?)
- la forma verbal no corresponde al sujeto
- la forma verbal es errónea
- ortografía o puntuación

Organizar un juego

Con este juego vas a practicar tu español.

12 Círculos de personalidades.

- Cada uno escribe en un papel tres preguntas (por ejemplo: sobre la profesión, sobre el lugar de residencia, sobre el lugar de trabajo, sobre el cumpleaños, sobre la dirección de correo electrónico, sobre la familia, etc.). El profesor comprueba si son correctas.
- Formad dos círculos, uno interior y otro exterior, para que una persona esté enfrente de otra. El profesor participa si el número de los integrantes es impar.
- Cada uno formula sus preguntas y el otro contesta. A continuación os intercambiáis las hojas con las preguntas.
- A la palabra **¡Listos!** el círculo exterior se desplaza hacia la derecha. De este modo se formarán nuevas parejas y podrán hacerse más preguntas con las hojas recibidas. El juego termina a la quinta ronda.

¡Nos vemos!

Paso a paso 1

Cuaderno de ejercicios

Índice

Viaje al español 1

1 a. Los resultados de fútbol. 30
Escucha y completa los resultados de todos los partidos.

b. La clasificación. 31
Ahora escucha la clasificación y completa la columna de la derecha.

COPA AMÉRICA

RESULTADOS

Argentina	1	– Brasil	3
Ecuador		– Perú	
Bolivia		– México	
Uruguay		– Colombia	
Chile		– Venezuela	

CLASIFICACIÓN

Colombia		puntos
Brasil		puntos
México		puntos
Argentina		puntos
Uruguay		puntos
Ecuador		puntos
Bolivia		puntos
Chile		puntos
Perú		puntos
Venezuela		puntos

2 ¡A calcular!
Escribe los resultados en palabras.

tres + seis – dos = ...
ocho : dos + cuatro = ...
uno + uno x tres = ...
nueve – cinco + seis = ...
nueve – tres : dos = ...
seis : tres – dos = ...
nueve : tres + dos = ...
siete – seis x uno = ...

3 Hola, ¿cómo te llamas? 32
Escribe dos diálogos con las frases de los bocadillos y verifica con el CD.
¿En qué diálogo se habla de tú y en cuál de usted?

1. ● ....
   ○ ....
   ● ....

2. ● ....
   ○ ....
   ● ....

Soy Santiago Márquez, ¿y usted?

Buenos días. ¿Cómo se llama usted?

Marta, ¿y tú?

Yo soy Ricardo.

Hola, ¿cómo te llamas?

Carmen Luna Jiménez.

La forma de saludarse puede variar mucho en función del lugar y de la situación en la que nos encontramos. En muchos países de habla hispana es frecuente darse besos como parte del saludo. Entre hombres, el saludo puede consistir en darse la mano, una palmadita en la espalda o un abrazo.

4 Saludos y despedidas.

¿Cuáles son los saludos para estas horas del día?

22:00 ....   17:00 ....

8:00 ....   12:00 ....

5 ¿Cómo se pronuncia? Escucha. 33

Fíjate en la pronunciación de las letras en negrita y repite las palabras.

b / v	**B**arcelona - **B**olivia - **V**enezuela
c / k / qu	**C**uba - **k**ilo - **Qu**ito
c / z	Barcelona - Gali**c**ia - **Z**aragoza
ch	**Ch**ile - **ch**ocolate - no**ch**e
g	**G**alápagos - **G**ranada - **G**uatemala
gue / gui	**Gue**rnica - **Gui**nea - **gui**tarra

g / j	**G**ibraltar - Ar**g**entina - **J**erez
h	**H**onduras - **h**otel - **h**ola
ll / y	Ma**ll**orca - Sevi**ll**a - pla**y**a
ñ	Espa**ñ**a - ni**ñ**os - Catalu**ñ**a
r / rr	**r**estau**r**ante - Ando**rr**a - guita**rr**a

6 a. El primer día de clase. 34

Es el primer día de clase en una escuela de idiomas en España. Escucha el diálogo dos veces y escribe a qué grupo va cada estudiante.

- ☐ Ana Martínez Marcos
- ☐ Carlos Jiménez Torres
- ☑ 1 Celia Pérez Ramos
- ☐ Gabriel Castillo Sierra
- ☐ Juan García Zapatero
- ☐ Lucía Gil Sánchez
- ☐ Lucía Quesada Ramírez
- ☐ Luis Rodríguez Cercas
- ☐ Pilar González Ortega

! En español existen muchos apellidos que terminan en **-ez**. Esta terminación significa "hijo de". Por lo tanto, González era hijo de Gonzalo y Fernández hijo de Fernando.

b. ¿Cómo se pronuncian los nombres y apellidos? 35

Lee estos nombres en voz alta y busca en la lista de arriba tres nombres de pila y tres apellidos que a principio de palabra suenan iguales. Luego verifica con el CD.

Carmen	**C**ecilia	**G**ustavo	**J**osé

7 a. Palabras, palabras.

Clasifica las palabras por grupos temáticos de tu elección. ¿Puedes añadir más palabras a los grupos?

naranja | restaurante | aceite | catedral | arroz | español | museo | árabe | chocolate | latín | familia | tomate | discoteca | inglés | niños | bebé

b. Pregunta a tu compañero.

Haceos preguntas sobre el significado de las palabras.

- ¿Qué significa "naranja"?
- *Orange*. ¿Qué significa…?

8 Sustantivos y artículos.

Escribe el artículo y luego forma el plural.

el	nombre	los
	ciudad	
	país	
	información	
	noche	
	niño	
	palabra	
	número	
	día	
	problema	

! Las palabras de origen griego que terminan en **-ma** son masculinas, por ejemplo *el tema, el problema, el sistema, el clima*. Las palabras que terminan en consonante y que llevan tilde en la última sílaba la pierden en plural, por ejemplo la informa**ción** – las informa**ciones**.

9 Pronombres y verbos.

Fíjate en la terminación y relaciona los verbos con la persona correspondiente.

estudias | hablan | trabajo | viajáis | escuchamos | compra | pasan | trabajamos | hablas | viajo | estudiáis | escucha

yo	tú	él / ella / usted	nosotros/-as	vosotros/-as	ellos/-as / ustedes

10 Forma frases.

Relaciona los elementos de las tres columnas y forma frases. A veces hay más de una solución.

Antonio y María	estudiáis	música clásica.
Marc	pasa las vacaciones	inglés y español.
nosotros	viajamos	tres idiomas.
tú	trabajo	en la playa.
yo	escuchas	a Argentina.
vosotros	hablan	en una empresa internacional.
		en México.

11 ¿Tú o usted?

Marca si las personas se tutean o se hablan de usted. ¿Qué elementos lo indican?

	tú / vosotros	usted / ustedes
1. Buenos días, señora Ribas.	☐	☒
2. ¿Trabajáis en el Hotel Miramar?	☐	☐
3. ¿Para qué estudias español?	☐	☐
4. Buenos días. ¿Cómo se llama usted?	☐	☐
5. Yo soy Gabriela. Y tú, ¿cómo te llamas?	☐	☐
6. ¿Estudias o trabajas?	☐	☐
7. Buenas tardes, ¿hablan español?	☐	☐
8. ¿Es usted el señor Romero?	☐	☐

12 La palabra correcta.

Atención: Estas frases contienen errores típicos de estudiantes de español.
Sustituye la palabra en negrita por la palabra correcta del lado derecho.

1. ¿Cómo **te** llama usted?	a. cómo
2. Me **llama** Antonio Pérez Díaz.	b. te
3. **¿Cómo** significa "trabajo"?	c. se
4. Y **usted**, ¿cómo te llamas?	d. significa
5. ¿*Oil* **llama** "aceite"?	e. qué
6. Y tú, ¿cómo **tú** llamas?	f. tú
7. **Yo** llamo Rubén Crespo.	g. llamo
8. ¿**Qué** se pronuncia "Juan"?	h. me

Mundo profesional

13 Palabras internacionales.

Puedes deducir el significado de muchas palabras a partir de la similitud con palabras de tu lengua materna o de otras lenguas extranjeras que conoces. Relaciona las siguientes palabras con los cuatro temas. A veces hay más de una solución.

el euro | el fax | el director general | el cheque | los clientes | la fotocopiadora | la secretaria | el crédito | el teléfono | la organización | las divisas | el público | la tarjeta de visita | el jefe de personal | el diagrama | la sala | el seminario | el monitor

el banco

la oficina

la presentación

el personal

Pronunciar bien

14 **a. La acentuación.**

Has visto algunas palabras con tilde y, seguramente, te has dado cuenta de que indica la sílaba tónica. ¿Pero qué pasa con las palabras sin tilde? Para esto hay tres reglas básicas. Conociéndolas podrás pronunciar correctamente todas las palabras españolas.

- Las palabras que terminan en **vocal**, **-n** o **–s** llevan la sílaba tónica normalmente en la penúltima sílaba. La mayoría de las palabras españolas pertenecen a este grupo: *Cuba, personas, hablan.*
- Las palabras que terminan en **consonante** (menos **–n** y **–s**) llevan la sílaba tónica normalmente en la última sílaba: *hablar, español, Madrid.*
- Todas las palabras que no sigan las dos reglas anteriores llevan tilde en la vocal tónica: *Perú, Félix, Málaga.*

b. Escucha y marca la sílaba tónica. ⏭ 36

a pe lli do	mú si ca	via jar	in glés	cho co la te
ho tel	gra má ti ca	pro ble ma	u ni ver si dad	ciu dad
nú me ro	pla ya	tra ba jan	ho la	va ca cio nes

c. Ordena las palabras y escucha. ⏭ 37
Ahora relaciona las palabras con uno de los tres grupos en función de su sílaba tónica y verifica con el CD.

última sílaba es tónica	penúltima sílaba es tónica	antepenúltima sílaba es tónica
español	palabra	México

d. Más palabras.
Busca cinco palabras más en la página 17 (Panamericana) y añádelas a la tabla.

15 **¿Qué acentos faltan?** ⏭ 38
Escucha las siguientes palabras y subraya la sílaba tónica. Pon, según las reglas de acentuación, las tildes que faltan.

Chile | Islas Galapagos | Panama | España | Ecuador | Tenerife | America | Africa | Caribe | El Salvador | Republica Dominicana | Bogota

Portfolio

La siguiente lista te ayudará a evaluar tu progreso en el aprendizaje. Añade por cada objetivo al menos un ejemplo y marca una de las casillas según la autoevaluación que hagas de tu capacidad lingüística. Cuando te sientas inseguro en algún punto, revisa los ejercicios correspondientes del Libro del alumno y del Cuaderno de ejercicios.

Ya puedo...	😊	😐	☹
... presentarme: Me llamo	☐	☐	☐
... preguntar a otro por su nombre: ¿Cómo ....?	☐	☐	☐
... saludar a otro a estas horas del día: 8:00 .... 15:00 .... 21:00	☐	☐	☐
... despedirme:	☐	☐	☐
... preguntar por el significado de una palabra: ¿Qué ....?	☐	☐	☐
... decir para qué estudio español: Estudio español para	☐	☐	☐

También puedo...	😊	😐	☹
... entender los números de 0 a 10 y escribirlos en palabras: cero, ...	☐	☐	☐
... pronunciar correctamente palabras en español: Argentina, Valencia, Quito, Jerez, Uruguay	☐	☐	☐
... indicar el género de palabras y formar su plural: el teatro – los ...., ... hotel – ...., la noche –	☐	☐	☐
... conjugar los verbos regulares en -ar: yo hablo, tú	☐	☐	☐

Tu dosier

Resérvate una carpeta para el español donde guardar textos que elabores en clase o en casa. Al final de esta unidad ya podrás escribir tu primer texto corto sobre ti mismo: cómo te llamas y para qué estudias español. Guárdalo en tu carpeta.

A lo largo del Libro del alumno te encontrarás con el símbolo para el portfolio que te animará a escribir textos que podrás guardar en tu carpeta. De este modo podrás documentar personalmente tu progreso de aprendizaje. También puedes guardar en tu carpeta otros materiales y documentos que sean importantes para tu aprendizaje, como prospectos, artículos de periódico o letras de canciones hispanas.

Comunicación

Saludarse y despedirse

Hola.	Adiós.
Buenos días.	Hasta luego.
Buenas tardes.	Hasta pronto.
Buenas noches.	Hasta mañana.

Los números hasta 10

0 cero	4 cuatro	8 ocho
1 uno	5 cinco	9 nueve
2 dos	6 seis	10 diez
3 tres	7 siete	

Preguntar por el nombre

- ¿Cómo te llamas?
- ¿Cómo se llama usted?

Presentarse y reaccionar

- Me llamo Rosa, ¿y tú?
- ○ Soy Carmen.

- Me llamo Eva Santos, ¿y usted?
- ○ Me llamo Pablo Gómez.

Preguntar por el significado

- ¿Qué significa "aceite"?
- ¿"Aceite" significa...?
- ¿"Arroz" significa ....?

Decir para qué se estudia español

Estudio español para viajar a Guatemala.
Estudio español para hablar con mi pareja.
Estudiamos español para comprar una casa en Mallorca.

Gramática

El artículo definido

	masculino	femenino
Singular	**el** teatro	**la** palabra
Plural	**los** teatros	**las** palabras

El género de los sustantivos

masculino	femenino
el teatro	la paella
el flamenco	la playa
el señor	la señora
el chocolate	la noche
el hotel	la universidad

Las palabras españolas son masculinas o femeninas. Los sustantivos que terminan en **-o** son generalmente masculinos; los que terminan en **-a**, femeninos (hay excepciones: **el día**, **el problema**, **la mano**...). Son femeninos los que terminan en **-ción** y **-dad**. Los sustantivos que terminan en **-e** pueden ser masculinos o femeninos.

El plural de los sustantivos

	vocal + **s**	
Singular	teatro	playa
Plural	teatro**s**	playa**s**

	consonante + **es**		
Singular	universidad	hotel	región
Plural	universidad**es**	hotel**es**	region**es**

Las palabras que terminan en consonante y que llevan tilde en la última sílaba la pierden en plural.

Los pronombres personales

yo	nosotros, nosotras
tú	vosotros, vosotras
él	ellos
ella	ellas
usted	ustedes

El tratamiento

tú	
¿Hablas español?	*una persona*
¿Estudiáis inglés?	*2 o más personas*

usted	
¿Habla (usted) español?	*una persona*
¿Estudian (ustedes) inglés?	*2 o más personas*

Verbos regulares en -ar

	estudi**ar**
yo	estudi**o**
tú	estudi**as**
él / ella / usted	estudi**a**
nosotros / nosotras	estudi**amos**
vosotros / vosotras	estudi**áis**
ellos / ellas / ustedes	estudi**an**

Se usan los pronombres personales **yo**, **tú** ... sólo cuando queremos resaltar la persona por oposición a otra o para evitar confusiones. Cuando el trato es formal y nos dirigimos a una sola persona, usamos **usted**; cuando nos dirigimos a más de una persona, **ustedes**. En Latinoamérica no se usa **vosotros/as**, incluso cuando se tutea a varias personas se usa **ustedes**.

11 Bingo de palabras.
el café, la playa, la guitarra, los nombres, el cactus, las lenguas, los tacos, el teatro, los niños, la geografía, las palabras, los tomates, la música, el español, las ciudades, el chocolate

Primeros contactos 2

1 En un congreso.

Escribe las preguntas. A veces hay más de una posibilidad.

1. ● ¿..?
   ○ Marcela Martínez. ¿Y usted?

2. ● ¿..?
   ○ Muy bien, gracias. ¿..................................?
   ● Bien, bien también.

3. ● ¿..?
   ○ De Santiago de Chile. ¿..................................?
   ● Somos de Guadalajara.

2 Forma frases.

Forma frases con los elementos de los círculos.

Yo soy de Roma.

3 Pronombres.

Añade los pronombres que faltan.

1. ● Buenos días, ¿es .... la organizadora?
   ○ Sí, soy ....

2. ● ¿.......................... sois de aquí?
   ○ Eduardo sí, pero María y .... somos de Toledo.

3. ● Perdón, ¿habla .... inglés?
   ○ .... no, pero mi compañera sí.

4. ● .... eres Ricardo, ¿no?
   ○ No, ... me llamo Gabriel, Ricardo es ....

4 a. Señor, señora.
Relaciona las preguntas con las respuestas. Fíjate en cuándo se usa el artículo delante de **señor/a** y cuándo no.

1. ¿Cómo está usted, señora?
2. Señora Benito, usted es de San Juan, ¿verdad?
3. ¿Es usted el organizador del congreso?
4. Señores, ¿son ustedes de Bolivia?

a. No, es el señor Rodríguez.
b. Nosotros no, pero la señora Quispe sí.
c. Muy bien, gracias.
d. No, soy de San José.

b. ¿Con o sin artículo?
Añade el artículo cuando sea necesario.

1. • Buenos días, ... señor López.
   ○ Buenos días, ... señora Cañizares. ¿Qué tal?

2. • Perdón, usted es .... señor Serrano, ¿verdad?
   ○ Sí, soy yo.

3. • ¿De dónde es .... señora Pardo?
   ○ ¿.................... señora Pardo? De San Sebastián.

4. • .... señorita Pérez es de Salamanca, ¿no?
   ○ No, no, es de Madrid.

! Se usa **señor/a** sin artículo cuando nos dirigimos a la persona que hablamos de usted. Usamos el artículo cuando hablamos de una persona o cuando nos dirigimos a una persona con *"¿Es usted…?"* para saber su nombre.

5 Un médico. 39
Escucha y averigua en qué tarjeta de visita está el nombre correcto.

6 a. ¿Cómo se escribe? 40
Lee primero las frases. Luego escucha las preguntas dos veces y marca las respuestas.

☐ a. Sí, con acento en la u.
☐ b. Con minúscula.
☐ c. Sí, pero con zeta.
☑ 1 d. No, con uve.
☐ e. Con che.
☐ f. Con u con diéresis y con elle.

b. Comprueba con el CD. 41

7 Datos personales.
Formula las preguntas para las siguientes respuestas, una vez con tú y otra con usted.

tú	usted	respuestas
		Luz María Flores.
		De Alicante.
		Es el 32 58 00 11.
		Sí, es luzma@yahoo.com.
		No, hablo inglés.
		Para viajar a Dublín.

8 Un poema.
Lee este poema de Gloria Fuertes y escribe uno parecido usando **tener** en vez de **comer**.
Piensa también en un título.

NIÑOS DE SOMALIA

Yo como
Tú comes
Él come
Nosotros comemos
Vosotros coméis
¡Ellos no!

....

Yo ....
Tú ....
Él ....
Nosotros ....
Vosotros ....
¡Ellos ....!

9 a. Verbos en -ar, -er, -ir.
Relaciona los verbos conjugados con las personas correspondientes. Marca las terminaciones para cada persona. ¿Qué terminaciones son iguales en todos los grupos verbales? ¿Dónde están las diferencias?

busco | compráis | reserva | escribimos | aprendo | escribe | intercambias | venden | vives | viajamos | viven | aprende | vendes | organizan | escribo | aprendemos | vivís | vendéis

	-ar	-er	-ir
yo			
tú			
él / ella / usted			
nosotros/-as			
vosotros/-as			
ellos / ellas / ustedes			

b. Escucha y marca la sílaba acentuada. ⏭ 42
Escucha los verbos del ejercicio 9a y subraya la sílaba tónica.
¿En qué verbos se acentúa la terminación?

10 a. Un trabajo interesante.
Completa con los verbos conjugados.

- Tú .... *(ser)* informático, ¿verdad, Luis?
 ¿De dónde .... *(ser)*?
- ○ Soy de Cali, pero .... *(vivir)* en Bogotá.
- ¿Y dónde .... *(trabajar)*?
- ○ .... *(trabajar)* en una empresa que .... *(vender)* ordenadores.
- ¡Ah! .... *(tener)* un trabajo interesante, ¿verdad?
- ○ ¡Sí! Mi trabajo .... *(ser)* muy interesante.
- ¿Y .... *(viajar)* mucho?
- ○ Sí, también .... *(organizar)* seminarios en diferentes ciudades.
- ¡Ah! ¿Y .... *(tener)* unos compañeros simpáticos?
- ○ Sí, ... *(ser)* muy simpáticos. Y el jefe también.
- Un trabajo interesante, compañeros y jefe simpáticos…
 ¿Cómo se llama la empresa?

b. Un pequeño texto.
Resume lo que sabes de Luis en un texto corto.

Luis es de Cali, pero vive en...

11 ¿Con o sin artículo?
Decide si hace falta artículo o cuál.

Verónica es – / una secretaria y trabaja en la / una empresa en Sevilla. Es la / una empresa que vende – / los instrumentos musicales. Trabaja en la / una oficina muy moderna con la / una compañera que es – / una secretaria también. Las / – chicas viajan mañana a – / un congreso para intercambiar – / las ideas y aprender – / las cosas nuevas. Un / El jefe de las chicas es – / el economista. Es el / un jefe autoritario, pero muy competente.

> **!** Al decir la profesión no se usa artículo: *Marc es músico*. Si se califica la profesión sí que lleva el artículo **un/a**: *Marc es **un** músico famoso*.

12 Forma frases con no.
Forma frases con **no** como muestra el ejemplo. Usa el verbo adecuado.

1. La Caixa – supermercado – banco
2. María José – niño – niña
3. Enrique – profesor – enfermero
4. Peter – de Colombia – de Colonia
5. Alicia – árabe – inglés y francés

La Caixa no es un supermercado, es un banco.

13 La pronunciación de las frases. ⏭ 43

¿Qué frases escuchas? Fíjate en la entonación y en las pausas.

1. ☐ No, soy economista.
   ☐ No soy economista.
2. ☐ No, es médico.
   ☐ No, no es médico.
3. ☐ No, estudiamos español.
   ☐ No, no estudiamos español.
4. ☐ No, no. Trabajo aquí.
   ☐ No, no trabajo aquí.

14 Escucha el diálogo y corrige los datos en el formulario de la derecha. ⏭ 44

LENGUA nueva

Nombre
Juan Carlos
Apellidos
Gómez García
Ciudad
Santiago
Teléfono
–
Móvil
620 711 833
Correo electrónico
Juan.Manuel@terra.com
Curso de idioma
francés

15 ¿Quién trabaja el domingo?

policía | economista | profesor de informática | camarero | enfermera | ama de casa | recepcionista | estudiante | músico | veterinario | fontanero | escritora | empleado de banco | arquitecto | dentista | programador | médico | ingeniero

Mundo profesional

16 ¿Quién eres?

Adopta otra identidad. Escoge un dato por columna. Pregúntale los datos a un compañero y escríbelos en el formulario.

Mónica Hernández Roviria	arquitecto/-a	m-hr@hotmail.es	56 89 20 68
Mercedes Herrera Rico	profesor/a de inglés	M.HyR@net.org	10 66 34 81
Francisco Javier Ortega Baz	dentista	info@web.com	15 28 04 24
Juan Carlos Santos García	representante	productos@afs.com	66 44 55 69

Contactos

✉ ....

....

Plaza de Santa Ana, 11
28012 Madrid

☎ Teléfono: ....

@ E-mail: ....

Pronunciar bien

17 **a. La pronunciación de la** r.

¿Te resulta difícil pronunciar la **r** española? Puedes practicarlo subiendo la punta de la lengua para que toque el paladar justo detrás de los dientes (como para pronunciar la **l**). Dobla la punta ligeramente y di primero *lililili* y después *rirririri*. Haz vibrar la lengua poco a poco. Con un poco de práctica lo conseguirás.

b. Escucha y repite estos trabalenguas. ⏭ 45
Escucha los trabalenguas. ¿Puedes repetirlos sin errores?

Tres tristes tigres comen trigo en un trigal.

Rosa Rosales cortó una rosa.
¡Qué roja la rosa de Rosa Rosales!

Rita Rizo reza ruso,
ruso reza Rita Rizo.

Portfolio

Ya puedo...	😄	🙂	☹
... **presentarme:** Soy	☐	☐	☐
... **preguntar a otro por su origen y decir el mío:** ¿De dónde ....?	☐	☐	☐
... **preguntar a otro por su estado físico y anímico y decir cómo me encuentro yo:** ¿Cómo ....?	☐	☐	☐
... **preguntar por el número de teléfono y por la dirección de email y decir los míos:** ¿Cuál ....?	☐	☐	☐
... **negar una afirmación:** No, ...	☐	☐	☐
... **decir mi profesión y el lugar dónde trabajo y preguntárselo a otro:** ¿Qué ....? – Soy	☐	☐	☐

También puedo...	😄	🙂	☹
... **deletrear mi nombre:**	☐	☐	☐
... **conjugar los verbos irregulares ser y tener:** yo soy ...., yo tengo	☐	☐	☐
... **conjugar los verbos regulares en -er e -ir:** yo aprendo ...., yo vivo	☐	☐	☐

Comunicación

Presentarse y reaccionar

• Soy Nuria Ribas.	○ Encantado. *(m)*
• Me llamo Iñaki Martínez.	○ Encantada. *(f)*
• Yo soy Ana Segura.	○ Mucho gusto.

Preguntar por el estado físico o anímico y contestar

• ¿Cómo estás?	○ Muy bien, gracias, ¿y tú?
• ¿Cómo está (usted)?	○ Bien, gracias, ¿y usted?
• ¿Qué tal?	○ Muy bien.

Preguntar por la procedencia y contestar

• ¿De dónde eres? • ¿De dónde es (usted)?	○ Soy de Colonia.
• ¿De dónde son (ustedes)?	○ Somos de Viena.

• (Tú) eres de aquí, ¿verdad?	○ Sí.
• ¿Es (usted) de Madrid?	○ No, soy de Bilbao.

Preguntar por el número de teléfono y la dirección de correo electrónico

• ¿Cuál es tu / su teléfono? • ¿Cuál es tu / su número de móvil?	○ Es el 2-4-5-6-7-7-8.	@ arroba . punto - guión _ guión bajo

• ¿Tiene/s correo electrónico? • ¿Cuál es tu / su correo electrónico?	○ Es rosa@difusion.com.	@ arroba . punto - guión _ guión bajo

Preguntar por la profesión

• ¿Qué haces? • ¿Qué hace (usted)? • ¿Dónde trabajas? • ¿Dónde trabaja (usted)?	○ Soy programador/a. ○ Estoy jubilado/-a. ○ Trabajo en un banco / una oficina. ○ Soy ama de casa.

Hacer preguntas

¿**Cómo** te llamas?
¿**Qué** haces?
¿**Dónde** trabajas?
¿**De dónde** eres?
¿**Cuál** es tu teléfono?

Gramática

El artículo indefinido

	masculino	femenino
Singular	**un** diccionario	**una** guitarra
Plural	**unos** diccionarios	**unas** guitarras

Deletrear/El alfabeto

• ¿Cómo se escribe Pillado?	○ pe - i - elle...
• ¿Pillado se escribe con i griega?	○ No, con elle.
• ¿Con acento o sin acento?	○ Sin acento.

Nombres de profesiones masculinos y femeninos

enfermero / enfermera	programador/a
empleado / empleada	director/a
ingeniero / ingeniera	pianista
camarero / camarera	dentista
profesor/a	representante
escritor/a	policía

Muchos nombres de profesión tienen una forma masculina y otra femenina. Las terminaciones **-ista**, **-ía** y **-e** sirven para los dos géneros.

La negación

• ¿Hablas francés?	Verónica **no** es profesora.
○ **No, no** hablo francés.	Margarita **no** tiene móvil.

No se coloca siempre delante del verbo.

Verbos regulares en -er e -ir

	aprend**er**	viv**ir**
yo	aprend**o**	viv**o**
tú	aprend**es**	viv**es**
él / ella / usted	aprend**e**	viv**e**
nosotros / nosotras	aprend**emos**	viv**imos**
vosotros / vosotras	aprend**éis**	viv**ís**
ellos / ellas / ustedes	aprend**en**	viv**en**

Los verbos tener y ser

	tener	ser
yo	**tengo**	soy
tú	t**ie**nes	eres
él / ella / usted	t**ie**ne	es
nosotros / nosotras	tenemos	somos
vosotros / vosotras	tenéis	sois
ellos / ellas / ustedes	t**ie**nen	son

Cuando sólo se trata de mujeres se usan los pronombres femeninos (**nosotras**, **vosotras**, **ellas**), cuando son grupos mixtos se usan los masculinos.

Mi gente 3

1 ¿Son familia?

Marca todas las palabras que se refieren a personas. ¿Cuáles expresan relaciones de parentesco?

hijo | universidad | pintor | biblioteca | teatro | marido | hotel | arroz | empleado | hermana | tortilla | enfermera | discoteca | padres | ama de casa | naranja | abuelos | médico | escuela | policía | escritora | primo | gente | pianista

2 a. La familia.

Completa el vocabulario de la familia con las vocales necesarias. Ten en cuenta que a veces la terminación puede ser masculina y femenina.

P ☐ D R ☐	H ☐ J ☐	H ☐ R M ☐ N ☐	☐ B ☐ ☐ L ☐
M ☐ R ☐ D ☐	M ☐ D R ☐	N ☐ ☐ T ☐	M ☐ J ☐ R

b. ¿Y tu familia?

Habla ahora de tu familia. Toma cuatro palabras del ejercicio 2a y escribe el nombre de estas personas, la profesión, el lugar de residencia y trabajo, etc.

Mi hermano se llama Frank, es representante y vive en…

3 La familia de Chocolates Valor.

¿Te acuerdas de la familia Valor? Lee el texto otra vez y completa este resumen.

chocolate | fábrica | generaciones | países | familia | empresa

Los Valor son una .... con pasión por el .... Tienen una .... de chocolate en Villajoyosa que exporta sus productos a muchos .... Chocolates Valor es una .... familiar: son cinco .... de chocolateros.

! los Valor = la familia Valor

4 **a. El árbol genealógico.**
Lee el texto y completa el árbol genealógico.

"Yo me llamo Javier y tengo un hermano, Pablo. La mujer de Pablo se llama Amalia. Tienen tres hijos: Carlos, Félix y Anabel. Mi madre, Adela, tiene un hermano, Ricardo, que no tiene pareja. Mi padre es Francisco. Mi mujer, Marisa, y yo tenemos una hija, Carolina."

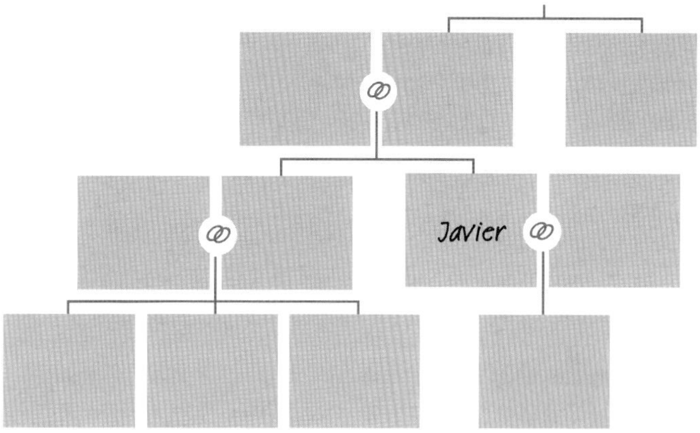

b. Relaciones familiares.
Mira el árbol genealógico. ¿Qué relación tienen las personas?

1. Félix y Carlos son los .... de Anabel.
2. Marisa y Javier son los .... de Carolina.
3. Carolina es la .... de Carlos, Félix y Anabel.
4. Ricardo es el .... de Javier y Pablo.
5. Javier es el .... de Marisa.
6. Félix es el .... de Marisa y Javier.
7. Francisco es el .... de Carolina.

5 **a. En el circo.**
Lee lo que cuenta un miembro de la familia del ejercicio anterior y completa el texto con los posesivos adecuados.

- .... familia es muy especial, ¿verdad?
- Sí, ... familia es muy especial. Casi todos trabajan en el circo. Son ya tres generaciones de artistas de circo. Ahora .... tío Javier es el director, pero también .... madre, ... dos hermanos y .... abuelo, a .... 75 años, trabajan ahí. .... circo es famoso en todo el país.

b. ¿Quién habla?
Averigua quién habla con ayuda del árbol genealógico de 4a.

6 **¿Ser, estar o tener?**
Une los elementos para formar frases con sentido.

		al lado del restaurante.
La señora Rosales		47 años.
El hotel		de Bolivia.
Marbella	es	mi sobrino.
Toda la familia	está	en España.
Antonio	tiene	playas famosas.
Elvira		una ciudad española.
Cuba		enfermera en este hospital.
		tres hijos.

7 Escucha los números. 46

Une los números que escuches.
¿Qué ves?

8 Series de números.

Sigue la serie de números.

seis – doce – veinticuatro – .... – ....
noventa – setenta – cincuenta – .... – ....
cuarenta y dos – cuarenta y nueve – cincuenta y seis – .... – ....
ochenta y ocho – setenta y siete – sesenta y seis – .... – ....
quince – treinta – cuarenta y cinco – .... – ....

9 a. Dina Rot.

La madre de Ariel y Cecilia también es artista. Añade las terminaciones.

Dina Rot es una cantante de Chile. Sus canciones son muy original........ . También es escritor........ y canta textos de autores famos........ como por ejemplo Pablo Neruda o Federico García Lorca. Dina es una mujer fascinant........ ; es moren........ y no muy alt........ . Es optimist........ de carácter.
Tiene dos hijos que son artist........ famos........ : Ariel y Cecilia. Su apellido es Rotenberg, pero Rot es más práctic........ . Una información interesant........ : Dina y Ariel escriben su apellido sin hache, pero Cecilia escribe "Roth" con hache.

b. Una familia de artistas.

Dina Rot habla de su familia. Formula las preguntas correspondientes a las respuestas.

- ● *¿Quién es Cecilia?*
- ○ Es mi hija.
- ● ....
- ○ Tiene cincuenta y un años.
- ● ....
- ○ Es actriz de cine y de teatro.

- ● ....
- ○ Vive en Buenos Aires.
- ● ....
- ○ Se llama Ariel.
- ● ....
- ○ Es cantante de rock.

10 Muchas palabras interesantes.
Relaciona las palabras de las tres columnas para formar combinaciones con sentido. Ten en cuenta que las terminaciones tienen que concordar.

mucha gente optimista

	gente	optimista
	trabajo	excelente
un	actriz	interesante
una	hombres	guapo
mucho	concierto	moreno
mucha	historias	antipático
muchos	hospital	grande
muchas	palabras	rápido
	dentista	importante
	niño	difícil

11 ¿Quién es? ⏭ 47
Escucha y escribe los nombres de las personas.

12 a. Tus gustos.
Marca lo que te gusta o no y en qué grado.

la paella				
las vacaciones				
escribir cartas				
los idiomas				
el café				
los conciertos				
hablar por teléfono				

b. Escribe sobre tus gustos.
Escribe frases con ayuda de la tabla de arriba.

1. Me gusta mucho…
2. No me gusta…
3. Me gustan…
4. No me gustan…

13 a. ¿Qué meses asocias con estas fotos?
Escribe los meses que asocias con estas fotos.

b. ¿Cuándo es el cumpleaños de...?
Pregunta a tu compañero por el cumpleaños de las siguientes personas y escríbelo.

él / ella ....
su madre ....
su padre ....
su pareja ....
su(s) hijo(s) ....
su profesor/a de español ....

c. Una rima.
¿Puedes completar esta rima con los meses que faltan?

Treinta días tiene septiembre
con abril, ... y ....;
los otros tienen treinta y uno,
menos .... mocho
que tiene veintiocho.

Mundo profesional

14 La empresa Valor.
¿Cuál es la función de cada departamento de la empresa?

Dirección General	las exportaciones
Departamento de Recursos Humanos	la dirección de la empresa
Departamento de Compras	los cursos de formación para los empleados
Departamento de Exportación	los ordenadores
Departamento de Marketing	los balances de la empresa
Departamento de Informática	la publicidad y las relaciones públicas
Departamento Jurídico	los asuntos legales
Departamento de Contabilidad	las llamadas telefónicas
Recepción	las compras

El departamento de Recursos Humanos es responsable de los cursos de formación.

Pronunciar bien

15 **a. La pronunciación de la** j.

> ¿Te cuesta pronunciar **Jorge** o **Jerez**? Practica la pronunciación con sonidos que te sean familiares: seguro que sabes pronunciar **Bach**.

b. Escucha y repite este trabalenguas. ⏭ 48
Escucha este trabalenguas. ¿Puedes decirlo sin errores?

Jamás comerás jamón de Gijón,
jamón de Gijón jamás comerás.

Portfolio

Ya puedo…	😊	🙂	☹
… hablar de mi familia: Tengo .... hermano(s).	☐	☐	☐
… preguntar por una persona: ¿........ es Ariel Rot?	☐	☐	☐
… decir dónde se encuentra una persona o una cosa: El director .... en su oficina.	☐	☐	☐
… preguntar la edad y decir la mía:	☐	☐	☐
… describir el físico y el carácter de una persona: Mi madre es	☐	☐	☐
… expresar mis gustos: Me gusta .... No me gusta	☐	☐	☐
… decir la fecha:	☐	☐	☐

También puedo…	😊	🙂	☹
… usar los artículos posesivos: nuestra familia, mi	☐	☐	☐
… conjugar el verbo estar: yo estoy, ...	☐	☐	☐
… entender los números hasta 100 y escribirlos en palabras: 12 ...., 57 ...., 34	☐	☐	☐
… concordar adjetivo y sustantivo: una persona simpátic...... , coches pequeñ...... , ...	☐	☐	☐

Comunicación

Vocabulario de la familia

el abuelo	la abuela	el tío	la tía
el padre	la madre	el sobrino	la sobrina
el hijo	la hija	el hermano	la hermana
el nieto	la nieta	el primo	la prima

En España: el marido, la mujer. En Latinoamérica: el esposo, la esposa.
Padre + madre: padres
¿Tienes hermanos? - Sí, una hermana.

Aspecto físico y carácter

alto/-a	bajito/-a	simpático/-a	antipático/-a
moreno/-a	rubio/-a	abierto/-a	tímido/-a
delgado/-a	gordito/-a	optimista	pesimista
guapo/-a	feo/-a	difícil	
joven	mayor		

Estado civil

Ariel está casado.
Cecilia no está casada, está divorciada.

Los números hasta 100

0	cero	11	once	30	treinta
1	uno	12	doce	40	cuarenta
2	dos	13	trece	50	cincuenta
3	tres	14	catorce	60	sesenta
4	cuatro	15	quince	70	setenta
5	cinco	16	dieciséis	80	ochenta
6	seis	17	diecisiete	90	noventa
7	siete	18	dieciocho	100	cien
8	ocho	19	diecinueve		
9	nueve	20	veinte		
10	diez	21	veintiuno		

21, 22, 23... veintiuno, veintidós, veintitrés...
31, 32, 33... treinta y uno, treinta y dos, treinta y tres...

Expresar gustos

(No) Me gust**a**	la música clásica. viajar en avión.
(No) Me gust**an**	los países exóticos. las sorpresas.

- ¿Te gusta viajar? ○ Sí, (mucho).
- ¿Te gustan las fiestas? ○ Bastante.
- ¿Le gusta el teatro? ○ (No,) No mucho.
- ¿Le gustan las sorpresas? ○ No, nada.

Se usa **gusta** cuando sigue un sustantivo o un infinitivo y **gustan** si sigue un sustantivo en plural.

Los meses

enero	abril	julio	octubre
febrero	mayo	agosto	noviembre
marzo	junio	septiembre	diciembre

La fecha

El uno de enero. *(España)*
El primero de enero. *(Latinoamérica)*
El dos de mayo.
El 15 de junio.

Edad y cumpleaños

¿Cuándo es tu / su cumpleaños? -Es el dos de mayo.
¿Cuántos años tiene/s? -Tengo 35 años.

Gramática

Posesivos

mi	tío / tía	mis	tíos / tías
tu	tío / tía	tus	tíos / tías
su	tío / tía	sus	tíos / tías
nuestro	tío	nuestros	tíos
nuestra	tía	nuestras	tías
vuestro	tío	vuestros	tíos
vuestra	tía	vuestras	tías
su	tío / tía	sus	tíos / tías

Los posesivos varían en función del poseedor, pero concuerdan con lo poseído, no con el poseedor. **Mi**, **tu** y **su** concuerdan en número (**mi/tu/su tío**, **mis/tus/sus** tíos); **nuestro** y **vuestro** concuerdan en género y número.

El adjetivo

	masculino	femenino
Singular	un hombre delgad**o** un músico excelent**e** un cantante original	una mujer delgad**a** una persona interesant**e** una actriz difícil
Plural	hombres delgad**os** músicos excelent**es** cantantes original**es**	mujeres delgad**as** personas interesant**es** actrices difícil**es**

Los adjetivos que terminan en **-o** forman el femenino en **-a**.
Los adjetivos en **-e**, **-ista** o consonante* son iguales para ambos géneros.
*Atención:
Los adjetivos que en masculino terminan en **-or** o los de procedencia que terminan en consonante forman el femenino añadiendo una **-a**:
encantad**or**/encantad**ora**, ingl**és**/ingl**ésa**.

El verbo estar

estar
estoy
estás
está
estamos
estáis
están

Estar se usa para situar en el espacio.
¿Dónde **está** Luis? -**Está** en la oficina.

Con **ser** se indica el nombre, la profesión, la procedencia, el carácter y la identidad.

Preguntar

¿Cuántos empleados...? **¿Cuántas** chocolaterías...?	*Cantidad*
¿Quién es...? **¿Quiénes** son...?	*Identidad*
¿Por qué...?	*Causa, razón*

Mirador 4

1 Vocabulario y estructuras gramaticales.
Lee el email y marca la palabra correcta.

Hola Valeriano:
¡México [1] un país fascinante! Hoy te escribo de Oaxaca. La ciudad es muy [2] y me [3] mucho. Además ya [4] aquí contactos para [5] empresa. Hoy, Isabel y yo [6] con el director de [7] empresa de chocolate. Él vive [8] México, ¡pero su familia también [9] de Alicante!
¿Y qué tal vosotros? ¿[10] mucho? ;-)
¡Hasta pronto!
Pedro

1. ☐ es ☐ está
2. ☐ interesantes ☐ interesante
3. ☐ gustan ☐ gusta
4. ☐ tengo ☐ tiene
5. ☐ nosotros ☐ nuestra
6. ☐ hablamos ☐ hablan
7. ☐ un ☐ una
8. ☐ a ☐ en
9. ☐ es ☐ está
10. ☐ Trabajan ☐ Trabajáis

2 Comprensión auditiva. ⏭ 49–52
Lee primero los diálogos y luego escucha cada texto dos veces. Marca la respuesta correcta.

1. • ¿Cuántas personas trabajan en esta oficina?
   ○ Somos .... con el jefe.
   a. 5 b. 15
2. • ¿Cómo se escribe el apellido?
   ○ ....
   a. Ximénez b. Jimeno
3. • ¿Cuántos empleados tiene la empresa?
   ○ .... Es una empresa muy pequeña.
   a. 11 b. 12
4. • ¿Tienes correo electrónico?
   ○ Sí, es ....
   a. Ruiz@web.com b. Luis@web.com

3 Respuestas adecuadas. ⏭ 53
Lee primero las respuestas de a-d y escucha las preguntas 1-3 dos veces. Relaciona cada pregunta con la respuesta adecuada.

1. ☐
2. ☐
3. ☐

a. En la biblioteca de la escuela.
b. No me gusta mucho.
c. Es pronto, el 3 de noviembre.
d. Sí, dos hijas: Sofía y María Elena.

4 Comprensión lectora.
Lee primero los textos y luego elige un título para cada uno.

a. Un autor muy activo
b. Viaje de "Tequila"
c. Me llamo como un país
d. Viaje a Latinoamérica

Muchas niñas se llaman como su madre o su abuela, pero en Latinoamérica hay también bebés que se llaman Argentina, Bolivia o América. Preguntamos a un padre los motivos:
"Mi hija tiene este nombre porque Argentina me gusta mucho, es un país fantástico, y la niña es también una persona fantástica. Además, para nosotros, este nombre es como música."

1

El autor Gabriel García Márquez escribe otra vez.
"El tema es, como siempre, el amor", son sus palabras. A sus 82 años, el premio Nobel de literatura colombiano viaja mucho y habla en muchos congresos sobre literatura y lengua.

El músico argentino Ariel Rot, uno de los "padres" del rock en español, viene a muchas ciudades de España con su CD "Tequila", el nombre de su primer grupo de los años 70 y 80. Con sus compañeros presenta 20 canciones de siempre.

3

5 Expresión escrita.
Quieres hacer el Camino de Santiago y buscas compañía. Rellena este formulario de contactos.

Amigos del Camino de Santiago

Personas
Viajes
Login
Contacto

Apellido(s): ____________________
Nombre: ____________________
Lugar de residencia: ____________________
País: ____________________
Edad: ______ años
Profesión: ____________________
Correo electrónico: ____________________
Número de teléfono: ____________________
Número de móvil: ____________________